让指控更有魅力

RANG ZHI KONG
GENG YOU MEI LI

公诉意见书的制作与适用

李爱君 罗琦 余红 ◎ 著

中国检察出版社

图书在版编目（CIP）数据

让指控更有魅力：公诉意见书的制作与适用/李爱君，罗琦，余红著.
—北京：中国检察出版社，2016.9
ISBN 978-7-5102-1705-0

Ⅰ.①让… Ⅱ.①李… ②罗… ③余… Ⅲ.①公诉-研究-中国
Ⅳ.①D925.04

中国版本图书馆CIP数据核字（2016）第170298号

让指控更有魅力
——公诉意见书的制作与适用
李爱君　罗琦　余红　著

出版发行：	中国检察出版社
社　　址：	北京市石景山区香山南路111号（100144）
网　　址：	中国检察出版社（www.zgjccbs.com）
编辑电话：	（010）68658769
发行电话：	（010）88954291　88953175　68686531
	（010）68650015　68650016
经　　销：	新华书店
印　　刷：	北京朝阳印刷厂有限责任公司
开　　本：	710 mm×960 mm　16开
印　　张：	11.25
字　　数：	199千字
版　　次：	2016年9月第一版　2016年9月第一次印刷
书　　号：	ISBN 978-7-5102-1705-0
定　　价：	35.00元

检察版图书，版权所有，侵权必究
如遇图书印装质量问题本社负责调换

前　言

随着公诉实践的日益成熟，公诉意见书的重要性越来越引起刑事司法实务的关注。在传统观念的基础上，当前已经展开的实践使人们对公诉意见书的性质和功能有了更深刻的认识，同时赋予公诉意见书更多的价值元素，因而对其在司法效果方面的功能和作用也有了更多的期待。实践中，优秀的公诉意见书层出不穷，它们不仅在指控犯罪的意义上起到了重要作用，同时也在社会价值观的引导方面彰显了正能量。这一可喜变化源于公诉同行们的努力，也来自社会的有效推动。作为长期在刑事司法一线工作的资深公诉人，我们对这一现象所引发的变化有切身感受，在欣慰的同时也觉得责任重大。我们的公诉同仁们通过他们的工作已经在许多个案中将公诉意见书的制作推到了很高的水平，做出了很好的示范。但从广泛的角度看，受制于主观认识、工作态度、工作能力等方方面面的原因，公诉意见书的重要性并未引起普遍重视，文书制作的水平尚未得到整体提升。基于此，我们认为有必要尽自己的一份责任，最大可能地推动公诉意见书的制作水平整体提升到更高的层次。以上便是促动我们写作本书的直接动因，书中所提出的理念、揭示的问题以及改进的路径等方面的内容均围绕这样的宗旨展开。

本书共分四章，第一章从公诉意见书的概念、内容、功能入手，对公诉意见书的法律性质进行了辨析，从个案指控、犯罪预防、社会关系的构建以及法治建设的角度阐释了公诉意见书的重要性，同时厘清了一些观念上的认识。第二章从实务层面分析了影响公诉意见书制作质量的因素以及当前存在的普遍问题。本书认为，公诉人的处事理念、法律素养、社会阅历、思维逻辑、文字与表达能力都会对公诉意见书的制作质量产生影响。长期以来，公诉意见书的制作存在着证据分析流于形式、法律分析不够透彻、法治教育程式化、个性特点体现不突出、文字表述缺乏感染力等方面的共性问题。第三章从方法论的角度阐明了提高公诉意见书制作质量的基本路径。主张公诉人制作公诉意见书应当做好各方面的基础工作。在制作公诉意见书时，公诉人要把握客观公正、情理结合、繁简相宜、系统考量等方面的基本要求。鉴于法治教育的重要性，指出了公诉意见书中法治教育的着力点，归纳了法治教育的基本要求。第四章是公诉意见书的实例评析，书中收录了19份优秀公诉意见书，这些案件均是南京地区的现实案件，本书从案件定性的法律论证、事实和证据分析、体现个性特征等三个方面分类对这些公诉意见书进行了逐一分析和点评，既指出了其中的长处，也点明了不足，旨在对公诉意见书制作提供一些现实借鉴。

出庭公诉是一门遗憾的艺术，对此公诉同仁们多有感受。原因在于现实情况的不易掌控和评价标准的主观性，即使再充分的准备也不可能顾全庭审的一切变化，难免有失周详。另外，当我们事后以更高的标准或者从其他角度再来审视自己当庭表现时，总会觉得自己做得并非十分完美，总会留有遗憾。这也正是出庭公诉的魅力所在，同时也是促使我们不断追求的内心动力。出庭公诉如此，公诉意见书的制作自然也是如此。与其说这是一种积极的现象，不如说是责任心使然的普遍规律，但凡有了责任心，就会有更高标准，从而永远在遗憾中去追求完美。同样的心境也贯穿了本书的写作过程。

系统化阐释公诉意见书的制作是一项新课题，可供借鉴的研究成果很少，我们的所思所想完全来自司法实践的原生态素材，故而本书的写作从着手到成稿耗费的时间较长，期间数易其稿，直至今天仍然不能十分满意。但要想再提升一个层次，于我们来说又是极难甚至是无法完成的事情。于公诉实务而言，本书可作为引起大家对公诉意见书制作形成普遍重视并加以改进的一个推动，如果读者能够从中汲取到一些营养，那我们就甚感欣慰了。真诚希望各位读者不要吝啬你们的批评与指正。

感谢检察出版社的大力支持与信任，也感谢南京市检察机关的公诉同仁们为我们提供的现实素材。另外，书中引用了许多优秀公诉意见书作为论据，在此对这些文书的作者一并表示感谢。

作　者
2016年6月于南京

目 录

前 言 …………………………………………………………（ 1 ）

第一章　对公诉意见书的认识 …………………………………（ 1 ）

　第一节　对公诉意见书的多角度审视 ………………………（ 1 ）

　　一、公诉意见书的概念辨析 ………………………………（ 1 ）

　　二、公诉意见书是公诉工作中的经典法律文书 …………（ 2 ）

　　三、公诉意见书具有重要的指控意义 ……………………（ 5 ）

　第二节　对公诉意见书的再认识 ……………………………（ 6 ）

　　一、法治环境下的公诉意见书 ……………………………（ 7 ）

　　二、关于公诉意见书的几个认识问题 ……………………（ 8 ）

　第三节　公诉意见书构建刑事司法中的多重关系 …………（ 13 ）

　　一、构建控方与审判方的关系——说服法官接受指控主张 …（ 14 ）

　　二、构建控方与辩方的关系——求同争异，力争在对抗中

　　　　占据优势 ………………………………………………（ 15 ）

　　三、构建司法机关与当事人的关系——彰显司法的权威和

　　　　公信力 …………………………………………………（ 15 ）

　　四、构建司法机关与社会的关系——向社会表达检察机关

　　　　的正义观及价值立场 …………………………………（ 16 ）

第二章　影响公诉意见书制作质量的因素及存在的问题 ……（ 17 ）

　第一节　影响公诉意见书质量的关键因素 …………………（ 17 ）

　　一、处事理念 ………………………………………………（ 17 ）

　　二、法律素养 ………………………………………………（ 18 ）

三、社会阅历 …………………………………………（ 19 ）
　　四、思维逻辑 …………………………………………（ 20 ）
　　五、文字及语言表达能力 ……………………………（ 22 ）
　　六、工作态度 …………………………………………（ 25 ）
　第二节　公诉意见书制作存在的普遍问题 ……………（ 26 ）
　　一、证据分析流于形式 ………………………………（ 26 ）
　　二、法律分析不够透彻 ………………………………（ 27 ）
　　三、法治教育程式化 …………………………………（ 28 ）
　　四、当庭灵活应变能力不足 …………………………（ 29 ）
　　五、文字表述缺乏感染力 ……………………………（ 30 ）

第三章　提高公诉意见书制作质量的基本路径 …………（ 31 ）
　第一节　做好公诉意见书制作的基础工作 ……………（ 31 ）
　　一、对法律和事实问题进行细致研究 ………………（ 31 ）
　　二、多角度剖析案件特点 ……………………………（ 36 ）
　　三、重视与辩方沟通 …………………………………（ 39 ）
　　四、深挖案件情感点 …………………………………（ 42 ）
　第二节　把握制作公诉意见书的基本要求 ……………（ 44 ）
　　一、客观公正 …………………………………………（ 44 ）
　　二、系统考量 …………………………………………（ 46 ）
　　三、到位并适度 ………………………………………（ 48 ）
　　四、繁简相宜 …………………………………………（ 49 ）
　　五、突出个案特点 ……………………………………（ 51 ）
　　六、注重被告人主体地位 ……………………………（ 53 ）
　　七、事理、情理、法理的有机结合 …………………（ 53 ）
　第三节　突出公诉意见书中的法治教育 ………………（ 57 ）
　　一、公诉意见书中法治教育的作用 …………………（ 57 ）
　　二、公诉意见书中法治教育的着力点 ………………（ 58 ）
　　三、公诉意见书中法治教育的基本要求 ……………（ 60 ）

目　录

第四章　公诉意见书实例评析 （63）

第一节　定性之争 （63）
一、罪与非罪 （63）
二、此罪与彼罪 （72）
三、对部分事实的定性存在争议 （86）

第二节　事实与证据之辩 （93）
一、部分事实认定存有争议 （93）
二、证人翻证案件 （109）
三、被告人翻供或不供 （115）

第三节　彰显个性化特征 （135）
一、未成年人案件 （135）
二、特别复杂的共同犯罪案件 （140）
三、社会影响重大的案件 （154）

第一章　对公诉意见书的认识

第一节　对公诉意见书的多角度审视

作为刑事诉讼程序中重要的法律文书，公诉意见书所记录的内容及承载的功能非常丰富。而司法实践中公诉意见书功能萎缩的现象值得重视，有必要从法治的高度对公诉意见书的性质、功能、制作要求等多方面进行深度审视。

一、公诉意见书的概念辨析

对于公诉意见书的定义，当前的著述和文章中虽然表述方式不一，但归纳之后不外乎以下三种方式。第一种，公诉意见书是指在公诉案件的开庭审理中，出席法庭支持公诉的公诉人用于代表人民检察院在法庭上发表对证据和案件情况所持意见的法律文书。第二种，公诉意见书是出席一审法庭的公诉人在法庭辩论阶段的第一轮发言，是起诉书的补充与发挥。第三种，公诉意见书是公诉人在法庭审理中继起诉书之后发表的第二次书面意见，是人民检察院在对刑事被告人提出起诉的基础上，全面揭露、证实被告人实施了犯罪行为，分析犯罪行为的性质、后果和对社会的危害，阐明为什么追究被告人刑事责任的书面意见。

立足于公诉意见书在刑事司法实践中的程序价值和功能定位，笔者认为上述定义都不同程度地存在缺陷。首先，程序定义不够到位，未触及关键和核心。目前从程序上给公诉意见书下定义，大多只关注到公诉意见书是出席一审法庭的公诉人在法庭辩论中的第一轮发言，但并未点出公诉意见书程序价值的精髓：即终结法庭调查，开启法庭辩论。其次，功能定位过于单一，没有体现公诉意见书的独立价值。普遍将公诉意见书的功能定位在对起诉书的补充与发挥，是在起诉书的基础上对案件的事实认定和法律适用做进一步的论证与分析。这种意见过分强调了公诉意见书相对于起诉书的附属性作用，没有看到公诉意见书作为特定的文书种类所具备的独立价值。其实，从刑事司法的实证角度考察，公诉意见书的功能和作用远非如此，除了对起诉书做进一步的补充与发挥之外，公诉意见书还需要承载检察机关对案件的价值评判、对被告人的量刑意见、对社会公众的法治宣传与教育等。

由此，我们可以看出当前理论界对公诉意见书的定义与该文书在实践中的地位和功能还存在较大的差距，综合公诉意见书的程序价值和功能定位，特别考虑公诉意见书在刑事诉讼中的作用，应当对公诉意见书做更为科学、全面的定义。基于此，笔者认为，公诉意见书是出席一审法庭的公诉人在法庭辩论阶段的第一轮演说词；它是总结法庭调查、开启法庭辩论的重要环节；其主旨在于综合法庭调查的情况，对起诉书的指控主张做进一步的分析论证，阐明检察机关的量刑意见，结合案情开展法治宣传和教育，从而实现惩治犯罪、弘扬正义的目的。

二、公诉意见书是公诉工作中的经典法律文书

公诉意见书虽然谈不上是公诉工作中最为重要的文书，但无论从公诉意见书所包含的内容，还是它所承担的功能，抑或是它的制作要求来看，公诉意见书堪称公诉工作的经典文书。在公诉文书中，能够与公诉意见书相提并论的便是起诉书。两者相较，除了起诉书在刑事诉讼中所处的地位较公诉意见书更为重要之外，其他诸如内容的丰富性、功能的多样性、要求的综合性等方面，起诉书都远不如公诉意见书。众所周知，起诉书的制作着重讲究的是内容的规范性和准确性，而公诉意见书在这方面的要求比起诉书更全面、更讲究。公诉意见书要求：严谨规范且通俗易懂、内涵紧缩且外延宽广、逻辑严密且细致入微、理性智慧且动情入理。除此之外，公诉意见书内容的广泛性以及功能的多样性决定了公诉人在制作该文书时，必须对案件定罪量刑以及之外事实做全面的解读和分析，并时常转换思维方式和写作方法。由此，我们可以看出一份好的公诉意见书的出炉绝非易事，故而说公诉意见书是公诉工作中最经典的文书。

（一）公诉意见书所记载的内容最为丰富

即便一份最为普通的公诉意见书，其中必不可少地要包括以下五项内容：（1）阐明公诉人出庭的法律依据和职责。公诉人出席法庭的法律依据主要来源于《刑事诉讼法》第184条和第203条，第184条规定："人民法院审判公诉案件，人民检察院应当派员出席法庭支持公诉。"第203条规定："人民检察院发现人民法院审理案件违反法律规定的诉讼程序，有权向人民法院提出纠正意见。"这两个法律条文直接规定了公诉人出席法庭所承

担的两项职责：支持公诉及监督审判活动。现实中，公诉意见书还引用了《刑事诉讼法》第 193 条、第 198 条等一些关于庭审具体程序以及公诉人履行职务方式等方面的规定。（2）对法庭调查阶段的事实和证据进行总结。这是公诉意见书的首要功能，需要对法庭调查的内容做简要归纳，继而对全案的证据状况做简要分析，得出本案认定被告人构成犯罪的事实清楚、证据确实充分。（3）论证被告人构成犯罪以及量刑的事实与法律依据。基于证据确实充分的前提，结合案件事实，围绕犯罪构成要件，从法律和法理上分析被告人的行为构成起诉书所指控的罪名，提出被告人构成犯罪的法律依据。（4）开展法治教育与宣传。从特殊预防、一般预防以及树立全民法治意识的立场，分析被告人的犯罪成因、犯罪行为的社会危害、阐明检察机关对被告人行为的价值评判，教育全体公民以此为戒，合理合法调整自身的行为，对于社会管理方面的缺失提出合理化建议，等等。（5）对被告人应负的刑事责任做出法律上的评价。综合犯罪事实以及被告人的各种量刑情节，对被告人的处断刑罚提出建议。上述五个方面的内容，是任何公诉意见书所不可或缺的，目前尚没有其他任何一种形式的文书有如此丰富的内容。

（二）公诉意见书所承载的功能最为全面

单从刑事程序功能的重要性而言，公诉意见书较起诉书可能要逊色一些，作为终结审查起诉，同时启动刑事审判程序的关键界点，起诉书的这一标志性作用是任何公诉文书都无法替代的。但就诉讼功能而言，公诉意见书要较起诉书更全面。因此，从制作要求的侧重方面，两者有着明显的差异。公诉意见书的功能具体包括：（1）作为起诉书的补充与发挥。起诉书重在阐明对被告人定罪量刑的事实和法律依据，受限于规范性和体例的要求，起诉书不可能对案件所呈现的事实和法律问题做更全面的分析和阐释，对于控方所指控的事实层面上的认定逻辑以及其详细的法律依据还有待公诉意见书做进一步的完善和论证；对于被告人行为社会危害性的认知和揭示，起诉书只能停留在理性的法律构成要件的层面，更全面、更深刻的阐述还需要公诉意见书去完成。（2）对法庭调查阶段的归纳与总结。法庭调查是判定被告人是否有罪、罪重罪轻的基础程序，其在刑事诉讼中的重要性不言自明，特别是在当前"以审判为中心"的司法理念下，法庭调查的基础性地位越发显得重要。而在法庭审理过程中，并不设置专门的环节对法庭调查的情况做归纳，法官也极少对法庭调查做特意的总结，实践中，这一任务往往由公诉人通过发表公诉意见来完成，这里讲究的是高度准确和适度精练，特别的时候还需要融入一定的目的性，作为庭前已经制作完成的预制性文书，需要公诉人在庭前对庭审做准确的预测和充分的预案。（3）启动法庭辩论程序。公诉人发表公诉意见是法庭辩论的第一轮发言，在这个环节上，公诉意见书的法庭演说词的特点表现得十分明显。从经验层面上看，公诉意见书的这一功能应当是其诸多功能中的核心，也是其他文书不能与之相提并论的关键所在，因而围绕这一功能的发挥需要公诉人倾注更多的关注和考虑。站在立论的立场，公诉意见书应当逻辑缜密、说理充分；站在演讲的立场，公诉意见书应当感情丰富，具有煽动性；站在辩论的立场，公诉意见书应当在立论的同时兼顾驳斥，并同时讲究适当的策略。如此种种，都凸显了公诉意见书这一核心功能的与众不同，也体现了一份好的公诉意见书的制作之艰难。（4）提出对被告人的量刑意见。公诉意见书的这一功能表现得较为直接。虽然这部分内容在文书中所占篇幅不大，但其中的内容却为辩、审两方重点关注，其中关于量刑情节的分析可能构成控辩双方在法庭辩论中的重要辩点。公诉人通过量刑建议旨在对被告人的行为进行精准的评价，从而体现检察机关客观公正的立场。因此，除了主要犯罪事实之外，其他如被告人认罪态度、被害方的谅解情况、被害人过错等非犯罪事实之外的因素都需要公诉人做重点考察。（5）进行法治宣传和教育。在当前依法治国的环境下，公诉意见书的这一功能显得尤为重要。其主旨就是使社会公众能通过每起案件的办理感受到法的公平正义。这方面，公诉意见书要实现以下两个目的：一是通过揭示犯罪行为的社会危害性、分析被告人的犯罪原因、提出预防犯罪的建议，从而教育包括犯罪人在内的广大社会公众以此为戒，以免重蹈覆辙。二是向社会传递司法机关对案件所做的价值判断以及所要弘扬的正义观。要实现上述两点，需要做到情与理的良好结合，形成强有力的说服力。

（三）相较于其他公诉文书，公诉意见书的制作要求最高

首先，需要公诉人对案件做细致深入的解读。如果说，写好一份起诉书的基础是公诉人必须参透案件的事实和法律问题，那么写好一份公诉意见书的前提工作要精细得多，它要求公诉人对全案做深层次、全方位的分析。除了法律和事实问题之外，还要从指控犯罪、释法说理、社会问题剖析、量刑建议、庭审效果等诸多方面对案件做更细腻、更全面、更深刻的剖析和解读。公诉人需要对全案的证据进行认真细致的梳理，根据庭审的情况以及审查起诉的思路，将关键证据、争议证据提炼出来，依据证据规则以及社会经验，结合其他相关联事实，对证据的充分性程度进行综合分析，进而得出事实清楚、证据确实充分的结论。从法律认定的角度，公诉意见书并不仅仅停留于准确引用法律条文，更在于通过法律逻辑分析，将指控罪名进行构成要

件方面的拆解,将相关的事实置于各个要件中去加以评判,从而推导出被告人所实施的行为符合起诉书所指控罪名的构成要件,应当以刑法的某项条文定罪处罚的结论。从释法说理的角度,公诉人首先需要对被告人的行为做社会价值层面的判断,对案件中呈现出的方方面面的事实和信息进行过滤,从而确定对于开展法治宣传教育有价值的证据和信息。① 从实践经验看,要想做好这方面的工作,公诉人需要立足于更高站位,跳出案件本身对被告人的行为进行审视。同时,为了使这方面的内容更具有说服力和感染力,公诉人的关注点不应仅限于案件事实和证据,还需要围绕法治教育的主题对案件的各种信息进行分析,提炼有价值的信息作为法治教育的佐证材料或者主要依据。从社会管理建议的角度,需要公诉人拓展视野,综合分析被告人的犯罪原因以及客观上存在的条件性因素,找出社会管理方面存在的不足与缺失,有针对性地提出完善社会管理方面的建议。其次,考量的因素更加全面。基于公诉意见书内容的广泛性以及其所承载功能的丰富性,公诉人在制作文书的过程中,需要对案件各方面的综合因素做全面考量,从案件定罪角度,需要考量案件的事实、证据、法律规定、法学理论;从辩论的角度,需要考虑辩论技巧、逻辑;从法治宣传和教育的角度,需要关顾社会情感、正义观念、社会价值等方方面面。上述种种要求,其他任何一种公诉文书都无法与之相比。

三、公诉意见书具有重要的指控意义

就程序意义而言,发表公诉意见看似简单的承上启下,但是在法庭审理过程中,能够让公诉人系统、全面地阐述控方观点的机会唯此一次,公诉意见发表得如何直接影响出庭指控的效果。因此,在指控的意义上,公诉意见书所起的作用和地位不容忽视。

(一)公诉意见书反映了国家追究被告人犯罪的综合理由以及其所要反映的核心价值评判

公诉意见书中包括事实与证据总结、对案件做法律条文到具体事实的循环解释、求刑、代表国家向社会发表正义价值观的认识与评判。这些都是检察机关指控的中心思想与核心内容。上述内容是否具有事实和证据方面的依

---

① 从公诉意见书的制作看,这方面的信息具有重要意义,也更值得关注。这一点将在后文做详细阐述。

据以及法律方面的基础，是否经得起社会一般正义观念的检验，其所表达的思想是否恰当，都直接影响到检察机关的指控能否被审判所采纳，是否被社会公众所认同。

（二）发表公诉意见在法庭审理中起到承上启下的作用，赋予了公诉人先导、主动性地位

公诉意见书向前承接法庭调查，向后开启法庭辩论，是对法庭调查的高度概括，是对法庭辩论中争议观点的引出。法律在庭审制度设计上，将这种承上启下的功能赋予了公诉意见书，公诉人如果能够合理利用这种优势资源，则会使自己在后续的庭审中处于有利的主动地位，对于指控的效果起到积极的实质性作用。

（三）公诉意见书的质量直接关系庭审效果

首先，公诉意见书所承担的两项基本功能会对庭审效果产生重大影响。从归纳总结的角度看，公诉人所做的法庭调查总结是否准确充分，是否与指控方向和证明体系相契合，是否具有强大的说服力，直接关系到检察机关的指控主张能否被法院所接受。从开启法庭辩论的角度看，公诉人如何合理利用法律赋予的优势条件，将对手的辩论空间压缩到最小，如何拿捏语言的分寸和辩论技巧，如何有效地掌控法庭辩论的进展，都直接影响到公诉人能否在法庭辩论环节占据优势。其次，公诉意见书中细微的差误都有可能影响指控效果。一般来说，公诉意见书属于庭前经过充分酝酿的预制性文书，大的方面出问题的概率很低，但是不排除在细节上考虑不周而出现偏差或失误。这里，一个小的细节偏差都可能让辩方抓到指控观点的漏洞，使公诉人在庭审中处于被动地位，更为严重的可能会导致指控的事实和法律基础丧失，最终导致指控失败。

第二节 对公诉意见书的再认识

随着社会的发展以及司法实践的不断进步，公诉意见书的内容也不断得以丰富，功能也发挥得更加全面。如果囿于既有的观念而不能在认识上更进一步，则会导致公诉意见书的功能萎缩，其制作水平得不到实质性提升。因此，有必要对公诉意见书的性质与功能做更深层次的剖析。

第一章　对公诉意见书的认识

一、法治环境下的公诉意见书

（一）法治环境下的司法精神

党的十八届四中全会提出了"依法治国"的纲领，明确了推进依法治国的目标和任务。其中对新形势下的司法工作提出了更高要求，主要精神是保证公正司法，提高司法公信力；增强全民法治观念，推进法治社会建设。进一步强调，公正是法治的生命线，司法公正对社会公正具有重要引领作用，必须完善司法管理体制和司法权力运行机制，规范司法行为，加强对司法活动的监督，努力让人民群众在每一个司法案件中感受到公平正义。同时指出，法律的生命力在于实施，法律的权威也在于实施，法律的权威源自人民的内心拥护和真诚信仰，必须弘扬社会主义法治精神，建设社会主义法治文化，增强全社会厉行法治的积极性和主动性，形成守法光荣、违法可耻的社会氛围，使全体人民都成为社会主义法治的忠实崇尚者、自觉遵守者、坚定捍卫者。

从上述内容中，笔者理解当前形势下的司法精神和要义是：（1）良好的司法有赖于法律和道德的双重保障；（2）司法的要旨是确保公正；（3）通过公正司法对社会价值观起到良好的引领作用；（4）在司法过程中必须弘扬法治精神，推动建设社会主义法治文化；（5）司法的根本目标是使全体人民成为法治的奉行者和崇尚者。根据上述精神和要求，今后的司法工作不仅要肩负打击犯罪、维护公平正义的职责，还要通过司法行为向社会公众输送公平正义、诚信友爱、安定有序的价值理念，增强人民群众的法律认识和法律信仰，从而推动在全社会树立法治理念和精神。

（二）司法是法治社会建设的重要推动器之一

法治是人类文明的重要成果，也应当是现代社会的基本框架。我们可以将法治理解为治国方略，也可以将其视为远大的价值目标。如何将这项任重道远的价值目标融入社会公众的意识，变为一般人的行为准则，从而使法治精神能够实实在在地影响到最个体的人、最细微的事，最终使得社会公众对法治的信仰成为其生活的基础信仰和自觉的思维方式，这一点是值得我们每一个法律人都去思考的。要促成这一局面的形成，除了体制层面的革新之外，还需要我们全体法律人以更负责任的态度、更长远的眼光、更多有效的工作去推动。具体到刑事司法，不仅要求每一位司法人员在办理案件过程中，要严守职业道德，使每一起案件都能实现公平正义，继而将法治思维贯彻始终，不仅要使犯罪人得到应有的处罚，教育广大社会公众增强法律意识，自觉地调整自身的行为，而且要求司法人员在司法过程中切实挖掘法律所隐含的公平正义的精神本质，并以这种精神内涵为依据，除了对犯罪行为做法律评判之外，还从道德层面上进行评价，做到惩治犯罪和弘扬社会正义并举。

（三）公诉意见书应当较以往承载更多的责任

"有责任的法律人，应该像传教士传播上帝福音一样，不辞辛苦，循循善诱，让深奥的法理走出经卷，渗入庙堂，化在市井。"[1] 既然司法承担了宣扬公平正义、弘扬法治精神在内的丰富内涵，那么我们就有必要将其贯彻司法过程的始终。除了追求实体上的公平处分之外，司法在其展开过程中怎样对社会形成积极的法治观念上的引导，如何在这方面实现效益最大化，是我们重点需要思考的问题。

综观刑事诉讼的各种程序，能够与上述目标和要求达成最为紧密联系的便是发表公诉意见的环节。也就是说，发表公诉意见是当前公诉工作中实现上述目的最便捷、最具有操作性的程序。围绕上述目的，发表公诉意见具有其他程序所不具备的三个优势。一是发表公诉意见多是在公开开庭审判当中，通过旁听以及对外公开，公诉意见书的内容能够被社会所知悉。二是公诉意见书是起诉指控的全面总结和提炼，不像刑事程序的其他环节显得那么琐碎，受众通过听的方式，便能快速了解案件，理解指控观念和意见。三是公诉意见书中有部分篇幅用于犯罪原因分析和对社会所进行的价值观的宣传，也就是俗称的法治教育，这方面与上述目的直接相关，联系甚密。所以，从司法的目的性分析，公诉意见书的作用和价值更加凸显，其所承载的责任和意义也更为重要。

二、关于公诉意见书的几个认识问题

尽管对于公诉意见书的属性理论界探讨不多，但是在有些问题上还是存在一定的分歧，而这些认识在不同程度上影响了公诉意见书的制作，甚至影响了其功能的有效发挥。

（一）公诉意见书中能否开展法治教育

有观点认为，在法庭辩论伊始就发表法治教育是不妥当的，所有的法治

---

[1] 李永君：《法里法外》，中国法制出版社2014年版。

教育都以被告人的行为构成犯罪为前提,如此做法有未审先定罪的嫌疑。①对此笔者的看法是,对于控、辩、审三方的职责,控方以被告人构成犯罪进行指控,辩方以被告人无罪、罪轻进行辩护,最终的裁决在审判方。很难想象,公诉人到了法庭上仍然像公安机关移送审查起诉时一样,认为被告人(犯罪嫌疑人)涉嫌犯罪,对于被告人是否构成犯罪还处于举棋不定的状态。综观整个庭审程序,从宣读起诉书到最后一轮的法庭辩论,公诉人在法庭的中心思想就是被告人有罪,公诉人在法庭上的一切行为都是建立在被告人构成犯罪的基础之上的。作为控方,检察机关可以提出被告人构成犯罪的鲜明观点,同样作为辩方,辩护人可以提出被告人不构成犯罪的明确意见,双方的行为都可以围绕这一基准展开,不存在违背未审先定罪的原则。因此,公诉意见书建立在被告人有罪的前提下开展法庭教育无可厚非。

笔者同时还认为,公诉人在法庭上开展法治教育和宣传是有必要的,而且是公诉人出庭支持公诉的职责和义务所在。除了基于前文的分析之外,主要还有以下几点理由:(1)刑事司法的目的要求。刑事司法的终极目的并不在于谋求对个罪、个人的处罚,应当是通过刑事司法有效地预防和遏制犯罪。尽管对于预防犯罪而言,刑事司法的效果有限,但从实证的观点出发,通过个案的警示确实能够起到预防效果,法治教育通过对犯罪现象所折射出社会问题的剖析,能够引起有关方面的注意,也能警醒误入歧途或发生思想和行为偏差的人们,从而使他们能够及时调整自身的错误认识和行为。(2)检察官的职责使然。"检察官作为法律的守护人,负有彻头彻尾实现法律要求的职权。"该份职责包括"追诉犯法者,保护受压迫者,并援助一切受国家照料的人民"。②在舆论高度发达的当今社会,公众对社会事件(包括刑事案件)的关注抱着很大的热情,他们往往会设身处地设想自己置于案件背景下的情景,这种由刑事案件高发态势而导致的社会公众的恐慌情绪将影响整体社会的安全感。刑事司法有义务通过惩处犯罪,告诫大家谨守规范,同时提醒社会管理部门及善良的公众加强防范,以使我们的民众少受犯罪的侵害,这是"援助一切受国家照料的人民"的题中应有之义。(3)公平正义的需要。随着社会发展,刑事司法仅仅局限于法律处分的观点已经被普遍认为是不完整的,司法追求的永恒价值应当是公平与正义,而公平正义并不仅限于对个案当事人的公平与正义,更深远的应当是正义观念的传导,

---

① 李勇:《公诉意见书宜去除法庭教育》,载《检察日报》2013年12月15日。
② 林钰雄:《检察官论》,法律出版社2009年版,第33页。

通过个案处理固然能够使社会公众领会到个案的正义，但普遍的、一般的正义或者说推而广之的正义，则需要公诉人通过个案去挖掘，并且通过明确的语言向社会传达，以使社会公众能在理解能力之内领会更深远的公平正义的实质，从而更好地规范自身的行为，并且自觉地树立正确的价值观和正义观。

（二）公诉意见书的语言是否应当强调感染力

笔者认为，为了进一步提升出庭指控的魅力，公诉意见书应当具有感染力。有观点认为，公诉意见书是一种法律文书，不宜使用修辞手法，不宜太"煽情"，感情色彩太浓或者感性多于理性，会有损公诉意见书的严肃性。同时，公诉人作为国家公诉人，其在庭上发表的措辞应当高度理性，不适合融入过多感情因素，并且从理性、平和的执法规范要求来看，在法庭上发表感性语言是不恰当的。这种观点有其自身的合理性，但却只片面看重了公诉意见书的纯法律特性，忽视了公诉意见书是公诉人的法庭演说词这一实质特点，从演说者和受众之间达成心灵沟通的要求来看，演说词的一个最基本的要素就是入情入理且富有感染力，与受众达成共鸣。如果公诉意见书全篇都是充满理性的法律语言，我们很难想象旁听人员能够完全听懂甚至从心里接受，很难期待社会能给这样的公诉意见书以积极评价。

一份好的公诉意见书应当做到感性与理性的有机结合。在阐述被告人构成犯罪的原因时，公诉意见书应当做到高度概括、精练，并充斥着理性的光辉，在开展法庭教育时，应当紧扣案情，结合社会一般观念开展道德评判并发表富有感情色彩的意见，同时设法使语言表达得尽量完美、富有感染力。之所以这么做，并不是为了迎合一方当事人或在从众心理驱使下刻意为之，而是依据法律和情理作有张力的表达，从而实现以下目的：（1）达到司法效果价值最大化。一起案件的司法效果并不仅仅体现在使犯罪人受到刑事追究，更体现在通过最为直接的方式使更多的社会公众从中汲取了教训，实现更大范围的教育作用，要想实现这样的目的，公诉意见书必须"接地气"，要让社会公众听得懂、听得进。可想而知，如果一篇公诉意见书通篇充斥着理性的法理分析和高度理性的方向指引，受众自然听不懂，甚至不愿听，这样司法效果将会大打折扣。反之，一篇社会公众听得懂并且听得进去的公诉意见书将有助于增加社会公众对司法的认同感。（2）促成良好的情感沟通。在许多刑事案件的庭审中，我们看到的常态是，公诉人在法庭上一板一眼地说着法律语言，而辩护人在发表法律意见的同时，充分使用煽情的词语，最大限度地调动旁听人员尤其是被告人家属的情绪。相比之下，公诉人的言语显得过于刻板，感召力不强。在有些矛盾突出或者社会关注度高的案件中，如果公诉人不能将法理、情理说清说透，案件当事人不仅会质疑公诉人的能力和工作责任心，甚至会质疑检察机关的公信力，一旦法院判决未能达到被害人的要求，这一点还可能成为被害人家属对检察机关不满的理由。相反的情况是，公诉人如果能够通过在法庭上的表现赢得被害人的尊重和信任，基于这一良好的基础，将会使得后续的社会矛盾化解工作得以顺利进行。
（3）追求好的庭审效果。庭审中，辩方必然会围绕被告人无罪、罪轻去寻找案件中的事实和依据，并尽可能地调动旁听人员的情绪，以使得被告人获得更多的同情。这一点，以往国内国外经典辩护词、结案陈词都提供了很好的注释和范例。辩护大师梅尔温贝利于1975年在一起交通事故案的结案陈词中，将精美、煽情的语言表达到了极致，若干年后读之，仍然于心灵有深深震撼。在北京小贩捅死城管一案的辩护词中是这样写的："尊敬的法官、尊敬的检察官：贩夫走卒、引车卖浆，是古已有之的正当职业。我的当事人来到这个城市，被生活所迫，从事这样一份卑微贫贱的工作，生活窘困，收入微薄。但他始终善良纯朴，无论这个社会怎样伤害他，他没有偷盗没有抢劫，没有以伤害他人的方式生存。我在法庭上庄严地向各位发问，当一个人赖以谋生的饭碗被打碎，被逼上走投无路的绝境，将心比心，你们会不会比我的当事人更加冷静和忍耐？法谚有云：立良法于天下者，则天下治。尊敬的法官、尊敬的检察官：我们的法律、我们的城市管理制度究竟是要使我们的公民更幸福还是要使他们更困苦？我们作为法律人的使命是要使这个社会更和谐还是要使它更惨烈？"毋庸置疑的是，这些极尽感染力的语言一定会将社会情感的天平带到公诉人对立的一方，我们如果还始终固守旧见，囿于对理性平和的狭隘理解的约束，不革旧观念，不敢越雷池，将会导致公诉意见书丧失其应有的作用，更毋庸谈指控魅力。笔者认为，要使指控更加精彩，公诉意见书的制作是不可或缺的重要一环，公诉意见书刻板、教条的形象需要改变，应当做到理性与感性的良好结合，从情感上将司法与社会的距离拉至最近。

（三）公诉意见书是否能跳出案件事实本身谈公诉人的认识

虽然很早就对这个问题有所思考，但一直没能形成内心的定论，更没有在实践中越雷池一步。直到看到了浙江"铁笼沉尸"案的公诉意见书，才坚定了笔者对这个问题的认识。这份公诉意见书可谓打破了常规，在制作上独具匠心。它的第二部分标题是"本案的办理体现了杭州司法机关敢于担当、锲而不舍、不枉不纵的精神"，在该部分内容里，公诉人以自己的切身经历为证，描述了公安机关找寻被害者尸体的艰辛，直抒胸臆地表达了其对公安机关艰苦卓越工作的肯定。在其中，公诉人还回应了在被害人尸体被打捞发现后，有些网友关于"如果死者不是一个有钱人，公安机关还会去打捞吗"的质疑。在这里，公诉人做了很好的回应，"我们作为司法工作者，必须秉持公平正义的基本原则，而不是从案件当事人的年龄、性别、地位、背景、财富、籍贯进行选择性地执法。在面对这样一个重大刑事案件，我们从未考虑过被害人是富裕还是贫穷，在我们的眼里，只有一件事情值得考虑，那就是尽我们一万分的努力去查明案件真相，将犯罪分子绳之以法"。在笔者看来，这份公诉意见书是实践中极为鲜见敢于打破惯例、敢于真情流露的佳作，虽然对传统公诉意见书做了较大改良，但公诉人的这种切身感受确有表达之必要，没有丝毫的不妥当。

  基于以上成功的实践和诸多因素的考虑，笔者认为，立足于回应社会、教育公众以及增强司法亲民性的角度，公诉人在必要的时候可以在公诉意见书中表达案件事实之外的情感和认识。理由大体有二：（1）现实社会环境需要司法对社会的某些偏见进行回应。当前社会中出于误解、恶意，或者是其他的一些难以说清的目的，有些言论会引导社会公众偏离社会价值判断的正常轨道，影响司法的正常效果。这时，需要司法工作人员通过某种途径对这些声音进行回应，将公众的认识拉回正常的认识轨道，通过公诉意见书的发表无疑是实现这一目的的上佳方法之一。（2）公诉人作为社会人的身份有这方面的需求。公诉人是法律人，同时也是有思想、有情感、有责任的社会人，无法想象的是公诉人就像流水线上的一台机器一样，不对案件中投射的事实和现象进行情感上的评价，不对案件中呈现的法律之外的因素进行思考。相反，现实中这两种角色在办案过程中相互影响、相互支撑。在事实认定和适用法律层面上，公诉人必须以一名法律人的身份做专业性的判断。而同时我们也注意并感受到，作为普通意义上的社会人，我们会从经历的每一次办案过程引发某些思考，这些思考有可能是案件本身，有可能会延伸到法律和案件之外，随着办案过程的不断深入，越来越多的思维和认识会融入公诉人的情感深处，这些法律和事实之外的感悟和思考，往往是高于案件评价本身的更为理性的财富，这些财富一旦能够与社会分享将更有利于提升办案效果，同时帮助社会公众形成更恰当的认识，也有助于社会公众从这些个案中感受到公平正义。

  综合以上分析，我们不难看出公诉意见书的价值绝不仅限于实现对案件的成功指控，其所体现的难以被其他程序所替代的价值在于法治教育功能，从司法的长远目的及程序意义来看，后者显得尤为重要。但是，随之带来的问题是,如果公诉意见书的内容不能被社会广泛知晓,其法治教育和宣传作用的发挥势必是一句空话。

(四)公诉意见书是否应当公开

对此问题,笔者的意见是肯定的。这个结论是上文的自然延续,理由虽不需要过多的赘述,但有必要做简单的说明。首先,公诉意见书的内容不被社会公众知晓,会导致其法治宣传和教育功能大幅缩水。一份公诉意见书如果只是被法官、辩护人、被告人以及少数旁听人员知晓,其所谓的让社会公众感受到每个案件的公平与正义的效果将大打折扣。其次,公诉意见书的内容不被社会知晓,将会导致其纠错纠偏的作用得不到实现。诚如上文谈到的,公诉意见书在一定程度上能够起到回应社会不当认识和言论的作用,如果不能与社会形成互动,即便公诉意见书的制作再成功,也只是闭门造车,在此功能的实现上毫无意义。最后,公诉意见书的公开有利于提高制作水平。通过公开促规范、促水平提升,这种做法在很多领域都是有效的,在文书制作领域更是如此。有了这方面的压力和动力,公诉人制作公诉意见书会更用心、更细致,带来的结果自然是整体质量的提升。

遗憾的是,当前检察机关的文书公开工作还远做不到这一点,虽然付出了很多努力,目前能够做到的还只是有限的终结性法律文书的公开,公诉意见书的公开还有待时日。这里固然有工作机制方面的原因,但最为根本的原因在于对公诉意见书的功能和价值尚未形成普遍认识,从这个方面看,检察机关的文书公开乃至阳光检察的打造还有很长的路要走。

第三节 公诉意见书构建刑事司法中的多重关系

任何形式的法律文书,除了其自身的程序价值之外,必然有其实体价值。过去我们在对待法律文书时,过多看重的是程序价值,对实体价值的判断、认识并不到位,这实际上也成为制约法律文书制作水平以及其功能发挥的一个重要方面。从程序价值上讲,公诉意见书是开启法庭辩论的公诉人的第一轮发言。从这个角度,对公诉意见书的要求不会太高,只是启动一个程序而已。但是就其实体价值而言,这样的认知和要求显然过低。从刑事诉讼的效果来说,我们可以将所有的法律文书的要求提升到指控效果这个层面上做更高层次的要求。围绕指控的效果来探讨公诉意见书的实体价值是内容相当丰富的话题。基于法律文书的公开性特点,根据受众的不同,其所要表达的想法和所要达到的目的显然是不同的,而这些种种不同要求,必须在一份公诉意见书中得到有机的整合和完整的表达，实在是非常不容易的事情。所以，我们在制作公诉意见书时，必须考虑到不同群体的受众以及我们针对不同对象所要达到的效果，通过文字组织将不同的思想、观点高度精练到文书当中，使人们从字里行间就能够体会到公诉人已经足够注意到了不同主体的需求和关注。在刑事诉讼中，各方的关系实际非常明确，但是要拉近这种关系，将这种表象关系刻画成实质的形成共鸣的关系，在公诉意见书的制作上则需要花费更多的精力。

在法庭上，各方的关系基于法律规定已经得以构建，公诉人在法庭上要做的就是通过自己的诉讼行为使得这种相互制约、相互关联的各方在对惩处犯罪、法益修复、传递正义等方面逐步靠近，逐步形成共识。对于公诉意见书而言，我们很难说其中的哪些内容是说服法官的，哪些内容是应对辩护人的，哪些内容是说给被告人听的。实际的状态是，尽管法律定位了诉讼各方之间的关系，但要使得各方之间的关系围绕指控效果做到最大化的靠近，还需要公诉人精彩的表现，公诉意见书的发表就是其中重要的一环。下面笔者将围绕几个关键词阐述公诉意见书所要打造的各方关系。

一、构建控方与审判方的关系——说服法官接受指控主张

检察官指控的目的是使法官清楚知悉起诉书指控的事实和法律依据，并采信起诉书的指控主张。要达到这个目的，公诉人必须完成证明和说服两大责任。鉴于证明责任在法庭调查环节已经基本完成，从公诉意见书的功能来看，其重在论证和说服法官接受起诉主张。公诉人说服责任的强度与案件的争议程度成正比。案件的事实证据以及适用法律争议越大，公诉人承担的说服责任就越强，难度就越大。想要说服法官接受指控主张，公诉人必须结合案件的主要争议点充分论证本方的指控理由。当案件存在事实和证据方面的争议时，公诉人应当加强公诉意见书的证据分析，并结合法庭调查的质证意见，得出公允的结论。当案件存在适用法律方面的分歧时，公诉意见书应当围绕法律规定以及法学理论着重阐述定罪理由。

由于发表公诉意见时，法庭辩论尚未完全展开，辩方的观点还没有充分表达，在这种情况下，公诉人必须事前对案件的争议点以及辩方的主要辩护意见做认真的分析和准确的预测，进而在发表公诉意见时，对于可能出现的争议和关键性问题进行控方立场的阐述，尽可能地在这个环节抢先阐释关键证据和事实以及基础性概念，为下面展开的论证与反驳打下事实和法律基础；同时通过论证，最大可能地增加法官对起诉书指控的内心确信，并接受指控主张。

二、构建控方与辩方的关系——求同争异,力争在对抗中占据优势

公诉人与辩护人同属于法律执业共同体的一员,就诉讼目的而言,两者的指向是一致的——使被告人得到公正处理。基于相同的证据材料,双方一定存在许多认识上的趋同。同时,由于所代表的利益主体不同,两者分析问题的立场和角度会有所不同,因而会在诉讼过程中形成争议并进行争论。因此,控辩双方之间有合作的基础,同时也有对抗之必要。从合作的角度,公诉意见书应当客观公正地认可对被告人有利的事实和情节,最大限度地限制争议面。从对抗的角度,为了在激烈的法庭对抗中占据优势,公诉意见书应当多有讲究,既要完善立论体系,不让辩方找到可以攻击的漏洞,又要准确预测辩方的辩护观点,有针对性地开展驳斥。

发表公诉意见书作为开启法庭辩论的首先程序,在决定庭审成效上所承载的意义重大。为了在与辩方的对抗中占据优势,公诉意见书应当充分发挥以下作用:一是注重引导。作为法庭辩论的第一轮发言,公诉意见书应当紧扣案件的争议焦点,强化法庭辩论的目的性和针对性,为后续的辩论设定方向,引导法庭辩论沿着最经济、最有利于解决争议的轨道进行。二是充分论证。综合法庭调查的情况,对案件证据的充分性进行分析,对检察机关定罪依据做事实和法理上的论证,在分析论证的过程中,注意逻辑的严谨和内容上的准确周密,避免给辩方留下反驳的漏洞和差误。三是占据主动。在辩论中首先发言的一方所占据的优势是,能够优先对一些基础概念进行阐释,从而在后续的辩论中处于主动地位。基于对辩护意见准确预测的基础上,公诉意见书能够对影响案件事实和实体认定的事实以及法律概念进行抢先解释,打牢立论和辩驳的基础,从而占据辩论的主动。

三、构建司法机关与当事人的关系——彰显司法的权威和公信力

国家权力的强制性是刑事司法活动得以顺利展开的前提,而客观公正的立场以及符合社会一般正义观念的处置措施是刑事司法的正当性基础。要通过刑事诉讼有效调整各方关系,并实现司法的多重目的,其核心要旨是司法活动必须具有权威性和公信力。公诉意见书作为检察机关在法庭上公开发表的综合性意见,对于增强司法的权威性和公信力有积极意义。从构建司法机关与当事人之间关系的角度,公诉意见书的作用在于,通过客观认定被告人

的犯罪事实、准确适用法律、提出公正的处理意见，使得被告人对司法行为产生内心信服，从而自愿地接受司法处理并自愿改过自新。对于被害人而言，通过公诉意见书的表达，让他们感受到司法机关对于其诉求的充分关注和所遭受侵害的同情，从而增强他们与司法机关的亲近感和信任度。另外，公诉意见书通过有效的释法说理会使被告人与被害人之间的高度对立情绪有所缓解，有益于受损社会关系的修复。

四、构建司法机关与社会的关系——向社会表达检察机关的正义观及价值立场

公诉人代表国家出庭支持公诉并发表指控意见，这本身就是公诉人指控犯罪职责中必不可少的部分。检察机关在惩处犯罪时，要完成的使命绝不仅仅是使犯罪的人受到应有的处罚这么简单。也就是说，惩恶还要扬善，公诉人在法律上揭示了什么是恶，同时还需要向社会传达善良的道德观和正义观，这就是价值立场。抛除法治教育对被告人所起的作用，从构建司法机关与社会之间关系的角度看，公诉意见书中法治教育的内容具有以下三方面的意义：首先，使得国民通过个案切实感受到恶的危害以及行恶所要付出的代价，并使公众养成谨慎合理规范自身行为的习惯。其次，我国当前的法治教育不甚广泛，普及率低，而通过个案的办理给国民一些零散的教育也成为仅有的法治教育资源，在这种环境下，通过个案的教育来得最为直接，也最有效。最后，当前的社会价值观呈现多元化趋势，在局部群体、局部领域甚至发生扭曲、偏离正常轨道的现象。久而久之，国民对于社会正当的价值观和正义观缺乏正确导向，从司法效益最大化的角度考虑，司法机关有必要在办理案件过程中做必要的法治宣传和教育，向社会传递正义的价值观和理念，从而构建两者之间的信任和良性互动。

第二章　影响公诉意见书制作质量的因素及存在的问题

第一节　影响公诉意见书质量的关键因素

公诉意见书是全面论证指控主张和理由的文书，对公诉人的综合能力最为考究，通过一篇公诉意见书，我们不仅能看出公诉人的证据分析能力、逻辑论证能力、法学理论功底、文字写作水平，还能看出公诉人对历史人文和风土民情的理解通达程度。因而，影响公诉意见书制作水平的因素很多，大体可以归纳为以下几个方面。

一、处事理念

理念引导工作的发展方向，并直接决定工作的成效。目前在制作公诉意见书方面存在的突出理念问题是，重形式轻实质。也就是古语说的"重器轻道"。这里的器是形式、包装，道是实质、内在，器是用来载道的。这个问题自古以来长期存在，孔子说过：君子不器。也就是说，君子追求的是道不是器，就像人吃的是饭，不是饭碗。器各有各的用途，许多人的毛病是拘泥于小道，不知变通，因为追求器，自己也变成了器。这个问题在当今社会管理中尤其值得关注。笔者认为，无论是生活上的为人处事还是工作上的方法和理念，都要摒弃"重器轻道"的思维，做到形式与实质贯通。

对于司法工作人员而言，我们在从事刑事诉讼工作中同样要避免"重器轻道"的倾向。比如，在认定犯罪的问题上，犯罪构成要件是形式，社会危害性的把握才是实质。对于大多数仅接受过学校教育而缺乏社会历练的公诉人来说，他们在对一起行为做罪与非罪的判断时，仅仅从形式上审查是否符合形式上的构成要件，而忽视社会危害性这一实质性的特征，因而总是存在许多偏离常情、常理的结论。在对一起行为做是否入罪的判断时，我们应当牢记，刑法条文是立法者根据司法的需要对犯罪行为所做的高度概括的类型化的文字表述，通过教育培训，一名司法者能够掌握的是刑法关于每个罪名的法律规定以及教科书中记载的犯罪构成要件，这仅仅有利于司法人员对行为刑事违法性的判断，但是对于行为的社会危害性这一实质内容的判断却是需要通过社会一般观念做更为直观、感性的评价。按照刑事司法的理想化状态要求，应当做到在遵从罪刑法定原则的前提下，通过合理的解释，将具有严重社会危害性的行为认定为犯罪，将那些虽然形式上达到定罪标准，但不具有值得科处刑罚的社会危害性的行为排除出犯罪规制圈之外。因而，在刑法的解释问题上，应当形式与实质并重。在刑法的解释上，形式方面的解释固然重要，它需要为定罪寻求理论上的依据，但实质性解释不容忽视，它的功能在于为定罪找到道义上的支撑，前者是标，后者是本。但在当前的司法中，受诸多原因的影响，前者的功能被过度夸大，导致的结果是司法的泛形式化，其危害直接表现在两个方面：一是片面强调构成要件方面的论证，并将此作为定罪的唯一路径，使得许多社会危害性相对严重的行为被排除在刑罚的规制圈之外，同时也使得许多社会危害性很轻的行为被解释为犯罪，偏离了社会的一般正常观念及道德价值评判标准，司法很难得到社会认同。二是对行为的社会危害性认识不够，使得司法流于形式，不够彻底，刑罚的功能未能达到立法的初衷，法的一般预防功能受到限制。

发表公诉意见作为刑事司法过程中很细节的一环，上述"重器轻道"的问题同样存在。常见的是，囿于形式上的要求，多数公诉意见书只能满足形式上的规范性要件，但内容上却达不到公诉意见书的功能要求。在对案件的证据进行分析时，笼而统之、大而化之的现象比比皆是，没有结合庭审质证的情况针对性地展开分析；在对案件定性做法律分析时，也只是简单地概括犯罪构成要件，将相关的事实置于一般性的构成要件中进行分析，没有实质性地围绕争议焦点做深层次分析，因而显得说理性不强；在开展法庭宣传和教育时，只从表面上泛泛而谈，不能根据案件的具体情况深刻剖析被告人犯罪的实质原因，因而也提不出更好的有针对性的预防建议和警示意见。上述种种，都导致当前的公诉意见书流于形式，无论在说服力还是感染力方面都存在着明显的欠缺，因而无法满足公诉意见书多重功能的要求。

二、法律素养

公诉人出席法庭支持公诉的首要任务便是让法庭接受检察机关的指控意见。公诉意见书作为公诉人代表检察机关当庭发表的公开性意见，其中与这一任务直接相关联的内容便是对案件证据的分析以及对法律适用的论证。这部分的分析是否透彻、论证是否有力与公诉人的法律素养直接相联。这里所谈到的法律素养不限于公诉人对法理的熟悉以及对证据规则把握的精准程度，还包括作为公诉人这一特定职业所要求的综合素能。如果将这些素能解释为工作能力，大致可以概括为两个方面。一是要求公诉人具备阅读案件的能力。审查案件最基本的要求是必须读懂案件，经过较长时间的审查和分析，公诉人应当知晓从指控犯罪的角度，本案定罪的基本证据和细节证据以及法律解释的逻辑，同时也应当知晓本案所存在的证据缺陷或者解释法律的逻辑障碍，这种缺陷或者障碍是否有很好的解决办法，针对这些问题如何在法庭上进行应对。二是公诉人应当有较好的驾驭案件的能力。基于对案件证据和适用法律方面的充分掌握，公诉人应当能够分析出案件可能出现的走向，以及各方对案件处理的态度和可能出现的处置方法。知晓了这一点，公诉人便能够有目的地在公诉意见书中选择使用语言，考虑哪些内容需要在公诉意见书中充分发表，哪些概念需要在公诉意见书中厘清，哪些观点需要着重阐述，哪些意见需要先抑后扬；在争议事实和观点上，需要论证到怎样的程度，是不是需要为后期的辩论埋下伏笔，是不是有必要做适当的收敛，等等，从而做到错落有致、抑扬互补。

三、社会阅历

社会阅历，是指人在不断的工作和生活经历中，通过所感知和接触的事物，经过思考，逐步形成的由表及里、由浅入深的对事物的看法和认识。一般来说，经历事情多，勤于思考的人，其社会阅历相对丰富。而阅世不多或者不善于思考的人，其社会阅历相对简单。无论是英美法系还是大陆法系国家，都将必要的社会阅历作为法官、检察官资格遴选的必要条件。

司法工作本质上是一项社会工作，在刑事司法过程中，公诉人单凭高超的法律素养和熟练的技能，仅能应对一般的案件，并且达到一般性效果。但是当案件表现为利益诉求多元化、涉案各方矛盾尖锐化、众多利益需要平衡的情况下，社会阅历对于办案的效果至关重要。一位法律素养较高、社会阅历丰富的法律人，能够通过分析案情，敏锐地察觉出涉案各方可能出现的诉求、反映、应对的难度，从而分析案件可能存在的风险点、下一步的走向以及工作重点，最终找到最有效的处理方式和工作思路。

法律根植于社会，司法应当充分考虑一般公众的感受，并以之作为司法结论的重要依据。司法人员在对一起案件作出司法评价时，应当充分考虑怎样处置更符合社会大众的评判标准。另外，司法效果评价来自社会公众，来自案件当事人。要想司法行为得到更好的社会评价，需要公诉人善于用感性语言表达法律理性，选择恰当得体的语言向受众表达。具体到公诉意见书的制作中，公诉人应当知悉社会、案件当事各方的所思所想，知道从哪个角度剖析案件的社会危害性以及开展法治宣传更容易引起社会共鸣，通过怎样的方式分析表达出来更能被大家所认可。比如，南京市某区检察院曾经办理过一起故意杀人案，被告人为安徽的一对老夫妻，其刚出生不久的孙女被检查出先天性心脏病，二被告人先后到省内和南京的一些知名医院治疗无效，家中财力耗尽，遂在最后一次于在南京某医院治疗无果的情况下，将不满一岁的女童沉入秦淮河。这起案件定性自无争议，但我们在处置这样一起案件时，需要考虑的因素绝不能仅仅停留在浅显的故意杀人的法律层面分析，需要综合多种社会因素进行全面考量。公诉人在发表公诉意见时，应当充分考虑到以下几个因素：第一，固然可以将本案全部法律责任归结于当事人，但如果我们具备健全的社会保障制度并且能够落实到位，这样的案件是否还会发生。第二，社会公众对类似案件的被告人是憎恨还是同情。第三，综合案件的情况，我们应当提出怎样的量刑建议。第四，我们在法庭上应当怎样向社会表达检察机关的价值取向。要对上述因素做充分的考虑和分析，并且得出符合社会一般观念的意见和结论，需要公诉人对我们当前社会保障制度、儿童先天性心脏病的后果、底层农民的生活状况等因素有充分的了解，根据常情、常理去思考社会对该案的价值评判，并综合这些因素，将其写进公诉意见书。因此，公诉人在办理这起案件时，并未简单地就案办案，而是对上述方方面面做充分调查分析之后，提出相应的司法结论。公诉人在发表公诉意见时，既强调了生命的无条件保护原则，从法律和道义层面上对被告人的行为进行了谴责。同时，也根据自己了解到的情况，客观地发表了当前社会保障制度的缺失、二被告人为被害人所付出的艰辛，从道义层面上对被告人的家庭遭遇表达了同情，从法律范畴内提出了尽可能低的量刑建议幅度，这样的公诉意见被当时广泛关注该案的媒体以及社会公众所认可。法院采纳了公诉人的建议，判决二被告人构成故意杀人罪，但处以了较轻的刑罚。

四、思维逻辑

良好的逻辑思维于公诉意见书制作的影响主要表现为两个方面。一是能够使公诉意见观点明确、逻辑清楚、层次有序、措辞精准。二是能够使公诉意见书与后面展开的法庭辩论相互补充、紧密联系、相辅相成，从而与之形成系统化的统一体，为整个法庭辩论创造先决条件。

(一) 思维

这里的思维指的是思路和想法，不仅包括公诉人对案件定罪理由和法庭教育的着力点，而且包括公诉人对案件从道德价值观方面的判断，还包括公诉人为整个法庭辩论所做的谋划和布局，这些是写好一篇公诉意见书的前提条件。以解决案件实体争议为例，当案件在法律适用方面存在争议的时候，公诉人首先要从立论的角度，尽可能围绕争议点将法律依据以及普遍被司法实践接受的理论通说阐述充分。再从辩论的角度，围绕指控主张，将有利于指控的基础事实和概念阐述清楚，并提出己方的观点和认识，有条件的还可以从事实和法律方面提前论证辩方即将提出观点的谬误，为法庭辩论打下良好的基础。比如，检察机关起诉一起盗窃案件，在辩护人试图从诈骗罪角度进行辩护的情况下，公诉人应当首先在公诉意见书中将案件中区分盗窃罪和诈骗罪的关键点阐述清楚，案件中认定被害人实施的交付行为是在什么节点，被告人取得被害人财物的原因是基于被害人上当受骗自愿交付还是秘密窃取，案件中呈现的表象是否能够构成刑法上的交付，等等。

(二) 逻辑

从微观层面上理解公诉意见书的逻辑性，指的是其自身所阐述内容的内在逻辑顺序，这直接关系到公诉意见书是否有层次感，是否能从听众接受的角度发挥其最大的效能。从宏观上理解公诉意见书的逻辑性，指的是其内容与法庭调查、法庭辩论之间的关联性。从公诉意见书与法庭调查之间的关系看，讲究的是夯实基础与提炼关键点，即公诉人应当在法庭调查时将公诉意见书的事实基础打得更为扎实，在发表公诉意见时尽量围绕争议事实对法庭调查做高度精准的提炼；从公诉意见书与后续的法庭辩论的关系看，讲究的是内容的分配与整合，即哪些内容需要在公诉意见书中阐明，哪些内容要留到法庭辩论中去发挥，怎样做到两者之间相互呼应、相得益彰。

以一起诈骗案件为例。大体的情况是：被告人以购房为名，骗取房主信任，房主同意在收取部分购房款的情况下，将房子过户给被告人。被告人取得房产过户后，随即将该房产抵押借款，继而将借款挥霍。在起诉书认定的七笔犯罪事实中，其中有三笔事实在案发时，被告人与被害人约定的支付购房余款的期限未到期。辩方在庭前对此提出了如下辩护意见：由于被告人与被害人之间签订的合同还没有到期，被告人将来是不是会按照这个协议履行义务，目前尚不明确，因此，这三笔事实不应当认定为诈骗犯罪。公诉人针对该辩护意见的抗辩思路包括以下几层意思：第一层意思是，被告人使用了虚构事实、隐瞒手段的方法骗取了被害人的信任，继而与其进行了房产交易。在被害人的房产已经过户到被告人名下时，其犯罪行为已经既遂。第二层意思是，被告人的所谓约定的还款日期只是其虚构事实的一部分，也是其一贯的作案手段，并不是被告人的真实意思表示，这部分的意思表示不具有民法上的效力。辩护人以此为由认为被告人有善意履行合同的表示，既与事实不符，也不具有法律基础。第三层意思是，主要结合案件中被告人所作的有罪供述、证人证言以及其有挥霍房屋抵押款等事实，认定被告人主观上非法占有的目的。第四层意思是，如果需要被告人每笔合同都到期不履行才能认定该笔事实构成犯罪，那么只要被告人将这种犯罪手段坚持不停地贯彻到底，那么被告人随时都会有几笔犯罪得不到惩处，随时都会有几名被害人的权益得不到保护。

上述四层意思，公诉人需要在法庭辩论阶段充分表达，但是通过怎样的形式和顺序发表，却是对公诉人逻辑能力的考验。这里首先要考虑的是公诉人如何在公诉意见书中就这个问题发表意见，哪些内容需要在公诉意见中表达，哪些内容要留到正式辩论环节发表。对此，笔者认为，从有利于辩论的角度，关于此争议点的基础事实和基础概念有必要在公诉意见书中阐述清楚。因此，需要在公诉意见书中表达第一层、第三层的意见，但要简单、精炼。"尽管在起诉书认定的三笔犯罪事实中，依据合同还没有到约定的房屋余款支付时间，但这并不影响全案构成合同诈骗犯罪的既遂。首先，被告人在归案后一直供述自己主观上就是为了骗取被害人的房产，支付首付款以及约定支付房屋余款的期限只是为了骗取房主的信任，也就是说，在被告人的主观意识里，其根本就不会依照此合同履行义务，这一点也得到了其他几笔事实和相关证据的证实。其次，被告人骗取的是被害人的房产，诈骗罪的构成要件上要求，被告人只需要将被害人的房产过户到自己名下，根据民法的公示公信原则，此时被告人的诈骗行为已经完成，事后其将房产抵押给投资公司的行为只是其对诈骗所得的一种处分而已。"这样，关于这个辩点的控方意见，公诉人分两步在法庭辩论环节有层次地表达清楚，先在公诉意见书中就关于这方面的基础事实和证据做简单的说明，并结合民法上的公示公信原则对诈骗房屋案件的既遂标准做了阐述，将其他两个层次的意见放在答辩环节阐述，这样显得层次分明，说服力很强。

五、文字及语言表达能力

公诉意见书作为公诉人出席法庭的演说词，自然在文字表达上要有所讲究。但公诉意见书的法律文书的属性，又决定了其不可能等同于一般的演讲稿。常规的演讲稿讲究提炼、拔高，在文字上要求点题直接、语言精练、富有激情、具有煽动性、意思反复。演讲者要以高调宣言的方式发言，使用意思大致雷同的排比句，追求听觉的冲击力，用简单的信息加以不断反复，使得听众在短时间内接受宣讲者的中心意思。而公诉意见书的法律特性决定了其应当较一般的演讲词更为理性、严谨，在文字表达方面要照顾诉讼各方的感受以及旁听人员的接受能力和认可程度。从这方面讲，公诉意见书的制作对文字能力的要求是很高的。

首先，要善于用简短的文字表达意思。公诉意见书最终要用嘴说出来，比较讲究听觉效果。因此，当涉及复杂的、专业性的证据和法律问题时，需要公诉人能够将复杂的问题用简短的文字表达清楚。以一起抢劫案为例。大致情况是被告人深夜尾随一名女性被害人，在强奸不能的情况下，强迫被害人为其口交，事后为了防止被害人报警，当着被害人的面将其价值1200元的手机拿走，事后变卖得款200元。检察机关将其拿走被害人手机的行为认定为抢劫罪予以起诉。辩护人对此定性提出异议，认为被告人只拿走被害人的手机，其目的是防止被害人报警，主观上并不具有非法占有的目的。对此，公诉人的指控思路是，防止被害人报警是被告人的犯罪动机，而其主观目的仍然是非法占有他人财物，要把这个观点说清楚，需要公诉人结合法理及证据进行分析。由于案件认定还涉及被告人的行为是构成强奸罪和强制猥亵妇女罪两罪还是强制猥亵妇女罪一罪，强奸罪是未遂还是中止以及量刑情节等问题，所以在这个问题上，公诉人不可能使用过多的文字进行表述，需要用简短的语言将下面几层意思表述清楚。一是被告人所供述的为了防止被害人报警才拿走其手机的主观心态，从法律层面上应当界定为犯罪动机，而不是犯罪目的，根据刑法理论，犯罪动机并不影响对行为人的定罪。二是需要解释什么是刑法上的"非法占有目的"，应当将其界定为通过非法手段将他人控制的财物转为自己控制。三是被告人当着被害人的面拿走其手机，违背了当事人的意志。四是被告人事后变卖手机的行为，实现了其非法占有的目的。公诉人需要通过精练的语言将上述四层意思在公诉意见书中表达清楚："对于被告人在强制被害人对其进行口交之后，当场强行拿走被害人手机的行为，尽管被告人辩解其主观上是为了防止被害人报警，但防止报警只是其犯罪动机，对犯罪认定不产生影响。被告人客观上非法占有了被害人的手机，并通过事后的变卖行为得到赃款，其非法占有的目的、行为后果清晰可见，其行为符合抢劫罪的构成要件。"

其次，要善于用通俗易懂的文字表达专业问题。公诉意见书本质上是一种要求很高的释法说理文书，其受众除了专业从事法律工作的审判人员、辩护人之外，还有对法律并不熟知的被告人和旁听人员，当公诉意见书的内容被公开后，其受众还包括一般社会公众。因此，公诉意见书的表述不宜过于专业，要尽可能地使用群众听得懂的语言，否则的话，很难在法治宣传和释法说理工作中起到预期效果。即便为了论证被告人的行为构成犯罪需要运用专业术语，公诉意见书也要尽可能地将专业语言转化为社会语言。比如，对于间接正犯的表述，应当尽可能地表述为"被告人没有直接实施危害行为，但是他将并不知情的人作为工具，从而帮自己完成犯罪行为"；在解释案件的因果关系方面，尽可能地从经验法则和社会一般人的逻辑进行分析，而不是简单地说明"根据刑法的相当因果关系理论"。实践中，要学会用通俗语言表达复杂的专业问题，不仅需要很强的法律功底，还需要大量的工作历练。记得笔者在进行硕士论文答辩时，一名同学的学术论文是"期待可能性理论研究"，答辩组一位导师提出的一个问题便是"用简短、通俗的语言说一下什么是刑法上的期待可能性"，这个问题给这位同学带来了麻烦。现实工作中，这种现象也不同程度地在一些公诉人身上存在，有的公诉人很年轻，用群众语言表达法言法语的能力不足，需要夯实法学基础和更多的实践历练。

最后，要善于用动情的文字打动受众的心灵。在语言表达中，同样的意思，由不同的人或者通过不同的方式说出来，其效果可能会不一样。这里除了表达者自身的性格、语言风格不同之外，更多的在于使用文字上。在发表公诉意见书时，动情的文字自然能够得到旁听人员更投入的关注，亦更能引起共鸣。比如，在一起故意杀人案中，公诉意见书在表述犯罪行为的社会危害性时，可以有多种表述方式，最为普通的便是"被告人的行为造成一人死亡的严重后果"，这样的表述显然无法打动任何受众。更好一些的做法应当是根据案件的具体状态，综合被害人当时所处的情势、被告人残忍的犯罪心理和手段以及社会对该行为的态度进行阐述。可能的情况会是这样："在被害人完全丧失反抗能力，并且拼尽最后一丝力量哀求被告人留其一命的情况下，被告人仍然持刀对其施加伤害直至其死亡，足见其对生命的漠视和人性的冷漠，这种行为不仅应当受到法律严惩，更应当受到社会的共同谴责。"

从发表公诉意见书的综合效果来说，仅有好的文字表达是不够的，表达方式是不可忽视的重要因素。同样的文字由不同的人或不同的方式表达出来，其效果会不一样。从公诉意见书的语言表达来看，除了一般性的语言连贯、重点突出、意思完整之外，重点讲究以下两点：一是对外展示自信。自信体现在语言和表情两个方面。语言方面，讲究沉稳的语调、语气以及对语速的合理控制；表情体现在适时地与受众（法官、辩护人、被告人、旁听人员）有眼神的交流。在这方面，许多年轻公诉人做得并不好，语速过快以及低头读稿子的现象普遍存在，受众很难听懂公诉人所要表达的意思，同时也觉得公诉人缺乏底气、不自信。二是合理运用肢体语言。日本作家宇井美智子认为，如果把整体印象作为100，一半以上约60%是由视觉来判断的。公诉人在发表公诉意见时要合理运用肢体语言，以获取最好的外表印象。这里的肢体语言指的是非词语性的肢体符号，包括目光与面部表情、身体运动与触摸、姿势与外貌、身体间的空间距离等。在发表公诉意见书时，公诉人的眼神与表情不应有半点迟疑和犹豫。同时，要根据表达内容的不同，合理调整表达方式，在论证事实认定与法律适用问题时，语调和表情应当稳重坚定；在开展法治宣传时，语调语气、眼神与表情都应当随着公诉人所投入的情感有所变化，眼神要顾及旁听群众，与受众之间形成心灵上的沟通。

六、工作态度

工作态度决定工作成效。无论工作人员的综合素养有多好，一旦缺乏积极的工作态度，工作质量便无从谈起，而扎实的态度来源于对工作的重视程度。除了在办理一些重大有影响案件以及考核庭案件中，公诉意见书的制作会引起重视之外，公诉人平时并不会在这方面投入过多精力，往往套用同类案件的模板，泛泛而谈，以至于文书泛程式化现象严重，其中的主要原因在于：

首先，办案实践中，一贯对公诉意见书的制作没有提出更高的要求，相关的工作机制也并没有对此予以足够的关注。在公诉人的考核考评体系中，对法律文书的评价是其中之一，但主要针对的是起诉书、抗诉书等法律文书，对公诉意见书关注甚少。在内部的工作审批流程中，公诉意见书并不在需要审批的文书之内；在当前的检察文书公开的范围内，公诉意见书也并不在此列。因此，在公诉意见书的制作方面，缺乏强制性或者指向性的评价体系，公诉人对此不够重视。

其次，公诉人对公诉意见书的认知并没有达到应有的层次。前文谈到了对公诉意见书的认识，但实践中，多数公诉人并没有上升到如此高的层面去看待公诉意见书，普遍只是将发表公诉意见书作为开庭审理的一个环节而已，在思想认识上也只是将其视为起诉书的补充和发挥的角色。在这种认识下，公诉人很难在思想上对公诉意见书有足够的重视，也不会花太多精力去制作公诉意见书。

囿于上述两个方面的因素，当前公诉人对待公诉意见书的制作普遍不够积极，要提升公诉意见书的质量，工作态度的转变是基础条件。

第二节 公诉意见书制作存在的普遍问题

很长时间以来，公诉意见书的制作并未引起足够重视。在传统的观念中，公诉意见书被理解为检察机关内部工作文书，在制作和审批程序上并没有像起诉书那么严格。在一贯的工作评价或者工作要求中，对公诉意见书的制作没有提出特别的要求，实践中，普通的程式化、套用模板样式的文书被认为是符合标准的。除了在一些影响大、社会关注度高的案件中，案件承办人会更讲究公诉意见书的制作，除此之外，花过多精力去计较公诉意见书的好坏，往往对案件处理又不产生实质影响，也不会带来外界对公诉人工作的正面评价，因为也被认为是不经济的。归纳实践中公诉意见书制作存在的问题，主要表现在以下几个方面。

一、证据分析流于形式

公诉意见书在论证被告人的行为构成犯罪时，必不可少地要做证据分析。目前普遍存在的问题是证据分析流于形式。一般情况下，多数公诉意见书对证据分析都是做如下表述："在刚才进行的法庭调查中，公诉人讯问了被告人，出示了被告人的供述和辩解、证人证言、被害人陈述，并出示了相关的书证、现场勘验笔录、刑事摄影照片及鉴定意见等证据。公诉人所出示的这些证据均由侦查机关以及检察机关依法收集取得，并经过当庭质证，均具有证明效力，并且所有证据能够相互印证，能够形成完整的证据体系，客观全面地证明了本院起诉书指控的事实。"这样的证据分析在当前的公诉意见书中普遍存在，突出的问题集中于以下两点：

一是大而化之，不能体现个案特点。上面模板式的叙述，文字意思拔得太高，以至于放之四海而皆准，谈不上体现个案特点。在案件不存在事实和证据争议的时候，做这样的表述无可厚非。但如果控辩双方对案件事实的认定和证据采信存在争议，这样的表述显然是不适当的。同时，现实中个案的证据千差万别，各不相同，即便把这些证据做类型化的分类并作分析，都很难找到证据条件完全相同的两起案件，所以，为了使公诉意见书的说理性更强，应当充分考虑到案件个性化的证据特点，根据控辩双方对证据的态度，做有针对性的证据分析。而上述这种大而化之的表述方式虽然不违背起诉的主张，但过于笼统，难以服人。

二是直接下结论，没有论证过程。在争论过程中，如果不对争议事实进行充足的分析，直接给出有利于己方的结论，这样的做法容易给人外强中干、强加于人的印象。证据分析是根据证据规则或生活常识按照个证效力→证据比对→证据组合这一逻辑进行论证说理，从而得出证据确实充分的结论。上述模板式的表述方式明显欠缺分析论证过程，不仅难以说服法官、辩护人，甚至不能让旁听人员信服。当辩方对个证的合法性提出质疑时，应当从取证的规范性方面论证证据的合法性；当辩方认为证据与其他证据存在矛盾的情况下，应当重点从证据之间的比对，阐述证据和证据之间的相互印证关系；当辩方对证据的关联性提出异议时，应当从证据与证据之间的关联、证据与事实之间的关联进行分析论证。

二、法律分析不够透彻

对于被告人行为的法律定性是公诉人指控的重点，也是控辩双方高度关注的问题。在控辩双方对被告人的行为性质认定存在分歧的情况下，公诉人有义务在公诉意见书中对检察机关解释法律、适用法律的理由阐释清楚，因此这也应当成为公诉意见书的重要部分。但现实情况是，由于普遍对公诉意见书的制作要求不高，公诉人只需根据案件的类型，即可找到搬来即用的模板，公诉意见书的法律分析部分也越发显得程式化，不能突出个性特点。比如，受贿罪的表述一般为三段论。先引用《刑法》第385条的规定，继而分三个要点分别说明：被告人的身份系国家工作人员；被告人利用职务之便，为他人谋取了利益；被告人收受了他人给予的财物。最后综上，被告人的行为符合刑法受贿罪的条件，应当以受贿罪追究其刑事责任。这种表述模式，在现实案件中比比皆是，并且在一般情况下能够满足受众的理解程度和指控的需要。但是，在案件情况较为复杂，需要做更深层次的说明时，这种停留在表层的大而化之的阐述方式就显得力度不够，缺乏说服力。其所带来的负面效果表现在以下两点：

一是法律论证缺乏深度，说服力不够。如前文所述，公诉意见书承担了两项职能：说服和辩论。在辩方对案件法律适用提出严重异议并且充分阐述理由的情况下,依照上述浅层次分析模式便很难说服法官接受指控观点。实践中,许多犯罪定性之间的界限不明,对任意一个犯罪构成要件认识上的不同便会导致案件定性上产生分歧。传统的情况有诈骗罪与盗窃罪、盗窃罪与职务侵占罪、抢劫罪与敲诈勒索罪等。随着社会形势的不断发展,在一些新领域孕育了一些新型的犯罪形式,比如,征地拆迁和专项资金补助领域,国家工作人员犯罪的形式各种各样,有的表现为纯粹的玩忽职守或滥用职权;有的表现为与请托人事前有商议,事中有虚构证明文件的行为;有的表现为与请托人共同占有财物,等等。由于行为本身的复杂性以及司法实践并不统一,使得公诉人在以重罪定罪的情况下,履行说服责任的难度加大。丰富的司法实践经验证明,在有罪的前提下,当控辩双方的意见难见高下时,综合利弊权衡,法官一般会选择有罪但有利于被告人的罪名认定。因此,停留在表层的泛泛而谈根本无法满足法庭上高度对抗的需要,也无法达到公诉指控的说服效果,公诉人需要充分阐明控方指控的重要的、关键的理由,揭示分歧的争议焦点并有针对性地驳斥。

二是在法律适用存在争议的情况下,如果不将本方意见论证充分,将不利于即将开始的法庭辩论。无论是从充分运用规则还是从辩论的实质要求出发,都有必要在第一轮发表意见的时候将本方立场阐释得越清晰越好。从常规的辩论要求看,发表公诉意见相当于辩论中的立论陈词,至少应当做到:清晰展现控方的论证思路;强化佐证控方观点的基础概念和辅助性事实。否则,将会使控方失去辩论的事实和法律基础。

三、法治教育程式化

法治宣传和教育的重要性在本书的前文已经做过详细的阐述,但实践中的公诉意见书往往在这方面做得并不好。主要的问题是空泛、简单、雷同。

一是空泛。公诉意见书在分析被告人的犯罪原因、开展法治教育时泛泛而谈,分析不够透彻,浮于表面。比如,我们经常能够见到许多内容空泛的受贿案件的公诉意见书。它们在分析被告人的犯罪思想根源时,多以大而化之的方式说明,比如,被告人放松了世界观、人生观的改造等。少见能够从被告人的成长轨迹、思想演变等方面分析符合本案个体特征的原因。在阐释被告人行为的社会危害性时,只是简单地阐明被告人的行为辜负了党组织的培养,对国家公职人员的形象造成了损害。上述种种,仅仅满足了公诉意见书的形式要求。对被告人来说,不仅起不到教育感化的效果,甚至会引起其内心的反感;对旁听人员而言,无法得到他们对司法机关的心理认同,更不要奢谈与他们形成情感上的共鸣。

二是简单。对被告人的犯罪原因和社会危害性的分析不全面、不到位，甚至有失偏颇。我们都知道，一起刑事案件的发生原因往往是复杂的，所造成的社会危害也是多元化的，需要办案人员做深度挖掘，而现实中有的公诉意见书在概括被告人的犯罪原因、阐述犯罪行为的危害时过于简单，不够全面，也不够深入。笔者认为，在剖析被告人犯罪原因的问题上，公诉人有必要像心理医生一样，从被告人复杂的成长经历和环境中，甄别出引导被告人犯罪的实质性原因，并结合案件证据进行分析；在剖析被告人犯罪行为的危害性时，公诉人应当立足于较高的立场全面分析问题，将被告人行为的危害性完整地揭示出来。以一起入户盗窃案件为例，其所造成的危害并不仅仅是被害人财产权益受损，更大的危害是公民对居住环境丧失安全感，影响了公民的安全信任，增加了心理负担，减损了生活质量。

三是雷同。一个十分常见的现象是，出于完成任务的心态，公诉人在制作文书时总是习惯性地套用相同类案的文书模板以应付任务。在屡次开展的公诉意见书抽查活动中，我们都发现了这个问题。

上述三个方面的问题集中反映了我们在公诉意见书的制作中普遍存在形式主义和教条主义的现象，这类现象不仅影响了公诉意见书的制作效果，同时也不利于公诉人专业水平的提高。

四、当庭灵活应变能力不足

公诉意见书是提前制作的预制性文书，在一般情况下，公诉人基于对庭审情况的预判，公诉意见书的内容不会与庭审发生实质性冲突。但是，不排除在有些场合，由于庭审出现了一些预判之外的情况，导致公诉意见书中的内容与庭审活动无法做到高度的针对，甚至会脱节。主要表现为公诉意见书已经庭前制作完毕，由于法庭审理的即时性，公诉人不能将法庭调查特别是辩方所发表的质证意见纳入证据和事实分析范畴，以至于本就饱受诟病的证据和法理分析显得更加缺乏针对性和有效性，导致公诉意见书起不到对法庭调查进行总结，继而很好地开启法庭辩论的作用。在实践中常见的现象是被告人当庭改变既往供述，而公诉人不能根据其认罪态度变化适时调整量刑建议；辩护人对关键性证据提出质疑，公诉人在公诉意见书中不加以任何回应，等等。

造成上述现象的原因有三：一是工作标准较低。公诉人普遍存在的心理是，公诉意见书发表得好与差，对指控犯罪来说没有多大的差异，尤其在庭审现场临时调整公诉意见书这种费脑筋的事情，不值得去做。二是公诉人读公诉意见书的习惯使然。当前，公诉人埋头读公诉意见书的现象相对普遍。这种习惯会导致公诉人将发表公诉意见作为完全程式化的工作，其对自己的要求也降低到顺畅地将文书读完。久而久之，公诉人越来越不敢脱稿或半脱稿地发表意见，不仅使公诉意见书失去了其原本的演讲词的特性，也使得公诉人得不到临场及时地调整语言和思路的锻炼，更无法做到及时应对庭审的变化。三是公诉人的能力欠缺。要根据法庭调查的情况及时对公诉意见书进行变更，这对公诉人的综合素能有很高的要求。在法庭调查结束与发表公诉意见之间，并没有程序上的时间间隔，加上庭审高度紧张的环境影响，要让公诉人在很短的时间内完成对辩方的质证观点进行归纳提炼，并做高于质证层次的反驳，这对公诉人的归纳能力、思维分析能力、语言组织能力有很高的要求，而目前年轻的公诉人这方面的能力还有所欠缺。从这方面看，要使发表公诉意见的工作更有效率，还有赖于公诉人长期的庭审磨炼和综合素能的提升。

五、文字表述缺乏感染力

这方面的问题表现在入理却不动情。如果将公诉意见书比作一盘菜的话，给人感觉是原材料齐全、做工正规，但色彩不够丰富、味道不够可口。主要原因有三：一是能力问题。由于工作性质以及长期缺乏锻炼的关系，公诉人擅长撰写逻辑缜密、高度理性的法律分析类文章，而对于需要表达情感的文章并不十分擅长。二是习惯使然。公诉人讲究缜密的逻辑论证，一贯使用的是法律条文→案件事实→法律结论这种三段论的思维模式，习惯于用高度精确的事实和逻辑阐释事理和法理，其思维和文字习惯中的理性成分很强，感性成分被不断压缩。久而久之，公诉人已经不再习惯于在感性层面上去分析问题。另外，要将案件法律价值层面以外的东西充分挖掘，需要公诉人摆脱案件本身的约束，立足于更高层面上去评判被告人的行为和价值取向，这就需要公诉人有整体和发散性的思维模式，而公诉人长期锻炼形成的思维的高度针对性和集中性与这方面的要求还存在差距。三是观念陈旧。有些观念仍然认为，公诉意见书中不应当发表感性语言、煽情文字，否则有违无罪推定，影响公诉意见书的法律性质和定位，受此观念的影响，公诉人在制作公诉意见书时不能很好地做到将语言的感染力发挥到最大，不能将效果发挥到最佳。

第三章 提高公诉意见书制作质量的基本路径

第一节 做好公诉意见书制作的基础工作

公诉意见书承载的功能多、内容庞杂、信息量大,要想完成一份高质量的公诉意见书,公诉人需要事先做大量的基础工作,这些基础工作并不仅限于对案件法律和事实问题的解读,还包括对案件成因的分析、社会价值观的评价以及与诉讼各方的沟通等,在此基础上将关键部分提炼升华,对争议部分论证充分,最终形成一份完整有价值的法律文书。

一、对法律和事实问题进行细致研究

对事实认定和法律适用问题进行研究是公诉人审查起诉案件的基础要求。相比于起诉书的制作,公诉意见书对案件的法律和事实问题研究要更有深度和广度,同时研究的角度更为讲究。起诉书就事实和法律问题的阐释讲究高度提炼、高度类型化,在某些问题上可以大而化之。作为起诉书的补充与发挥,公诉意见书要求更精细,阐述得更深入全面。立足于公诉意见书的另一个功能——开启法庭辩论,则要求公诉人对案件的事实和法律做全面的研究,以免出现临时准备不足、当庭措手不及的情况。另外,公诉意见书作为公诉人的法庭演说词,需要从听众的角度,认真梳理案件的法律和事实问题,安排好语言发表的层次。

从司法实践来看,公诉意见书中对于法律适用问题的阐述是值得花大力气去做的一门功课,尤其对一些社会一般认识与法律规定存在差距的案件,做好这方面的功课不仅有益于说服法官接受指控主张,更重要的是给社会一个好的释法明理。2014年,媒体广泛传播的"惠州许霆"于德水盗窃一案的判决书在这方面可谓是释法说理的典范,从案件的社会效果看,将这份判决书称之为"伟大的判决书"并不过分。笔者认为,这样的工作同样应当在公诉意见书中得到体现,特别是在需要得到社会公众理解的案件当中,公

诉人应当在公诉意见书中尽最大可能地从法理、情理诠释案件法律适用的理由，从而使司法机关的司法结论得到社会的广泛认同。而从"社会认同"这一至关重要的判定司法结论是否有效的标准考量，则要求公诉人在办案过程中充分考虑司法结论的社会认同感，在解读案件和解释法律过程中，要尽量以法律要件上的完整性和社会一般正义观念的符合性这两方面进行分析和研读。在现实办案过程中，以下三点值得关注。

（一）尽可能围绕社会一般正义观念去解释法律，避免司法结论与社会一般观念出现巨大反差

笔者一贯主张，司法人员在每做出一项司法结论之前，应当对该结论所获取的公众认可度作充分的考量，当公众需求与正常适用法律的结果产生严重分歧的情况下，司法人员首先应当立足于社会一般道德观念和情感，判断哪些需求是理性的，是符合社会文明发展进程的，而哪些需求是非理性的，是不符合一般道德规范的。对于理性的、代表社会正常一般观念的需求，司法应当尽可能贴近；在非理性的民众需求与法律理性发生冲突时，司法机关除了要心无旁骛地恪守法律，使得司法避免舆论的干扰，更需要及时释法、释疑，以消除或缩小司法与民众的隔阂。这些年来，在刑事司法办案实践中出现的类似案件并不鲜见，比如，高速公路天价收费案、许霆盗窃案、天价葡萄案等。这些案件在办理过程中，办案人员并不存在渎职或徇私行为，甚至解释法律的过程中也是本着严谨细致的态度，但至关重要的缺陷在于它的结论偏离了社会一般观念的轨道，使得社会公众难以接受。笔者赞同在当前的社会形势下，司法工作人员应当善于对法律做实质性的解释，这种解释需要在一般正义观念和法律条文之间不断循环，在正义观念与法律之间寻找最佳的平衡点。

另外，在适用法律过程中，不得不考虑法律固有的滞后性特征。如果在司法中只是简单套用犯罪构成要件，而不去考虑当前社会公众的一般感受的话，就很容易出现上述问题。比如，《刑法》第175条规定了高利转贷罪，以转贷牟利为目的，套取金融机构信贷资金高利转贷他人，违法所得数额较大的，处3年以下有期徒刑或者拘役。学理界目前对"套用"做了一致的解释——"隐瞒了贷款真实意图的贷款行为"。对照法律条文以及一般的构成要件的解读，现实中大量的行为将被解释为高利转贷罪。比如，行为人向银行隐瞒了贷款的真实意图，使用自己房产抵押从银行取得贷款，再高利转贷他人。这类行为在现实中比比皆是，将此类行为作为犯罪处理远远超出了一般社会公众的心理接受程度。再比如，《刑法》第177条规定了伪造金融

票证罪。将各类伪造、变造汇票、本票、支票等金融凭证的行为规定为犯罪。理论界的探讨也并未对该罪的主观要件做进一步限定,使得该罪的入罪门槛大大降低。比如,犯罪嫌疑人杨某与张某某存在不正当的两性关系,张某某提出要和杨某分手,为了继续与张某某交往,杨某遂伪造了一份存款数额为15万元的存折交给张某某,并嘱咐张某某,这是一张定期存单,近期无法取现。这样的案件,如果简单套用法条,很容易得出犯罪嫌疑人构成犯罪的结论,但是这种结论显然超出了社会一般观念。

(二) 当经过反复权衡,适用法律结论与一般社会公众的认识有差异时,应当尽可能在公诉意见书中将理由阐述清楚

我国是成文法国家,在刑事司法和理论中,非常重视对行为类型化的解释,同时也非常注重对案件基础事实做概念上的定性,这种逻辑推论及概念的演绎,会导致法律推论的结论可能会不同于社会的一般认识。办案实践中,根据一般人的直觉,行为人的行为应当认定为甲罪,但是仔细分析行为的性质后应当以乙罪认定。这时,公诉人有必要对起诉认定罪名的理由做细致、通俗的阐述,使社会一般公众接受起诉观点,引导公众形成这样的观念,即法律有自身的认定标准,以直觉定案有时不符合法律规范。比如,现实中大量存在的骗借手机然后趁被害人不注意离开现场的案件。这些案件,凭直觉应当以诈骗罪定罪,但是仔细分析其中的"处分"行为以及各行为之间的主次关系,这些案件应当定性为盗窃。在这种情况下,公诉人在公诉意见书中要围绕定罪的理由,抓住其中的关键点做详尽的阐述。有这样一起案例:被告人范某某编造了台湾来大陆投资的台商以及单身的身份,通过婚介公司征婚。经婚介公司联系,范某某电话联系上了王某。两人相约在某茶座见面,谈了一番话之后,范某某称与王某比较投缘,想与其结婚。王某深信不疑。范某某谎称按照台湾民俗,男女朋友第一天见面,不能佩带金属物品,否则婚后就会有血光之灾,并将自己身上的手机、戒指取下来,王某见状,也将自己的手机、首饰取出交给范某某,让其一起放到茶座外的花坛内。后范某某趁王某上厕所之机,到花坛将物品取出,逃离现场。

这起案件,一般人看来被告人实施的是诈骗行为,应当以诈骗罪定罪。检察机关经过认定分析研究后,对范某某以盗窃罪提起公诉。对此,公诉人就有必要从以下几个方面来论证己方的观点。第一,要准确找出盗窃罪与诈骗罪的关键区分点。为准确界定本案的性质,需要在两罪众多不同点中厘清最结合案情的关键点。这里,财产交付的时间和缘由是非常关键的,在盗窃罪的场合,被害人不存在主动交付财物的行为,被告人取得财物违背了被害

人意志。在诈骗罪中，被害人有主动交付财物的行为，且这种交付行为是基于误信了被告人的欺骗。第二，厘清案件中的关键概念。这里的一个关键概念是"交付"。如果对本案作浅层次的分析，将被害人把手机、首饰交给被告人的行为理解为法律上的"交付"，加上这种所谓的"交付"是在被告人谎言引诱下做出的，所以很容易顺理成章地认为被告人的行为构成诈骗罪。要说清楚这个问题，需要作关联性、层次性的解释。首先要将"交付"界定为"处分"，刑法意义上的交付不仅需要财物所有人或控制人主观上有处分财物的意思表示，而且需要客观上实施了处分行为。接下来要解释什么是"处分"。在本案中，我们应当将"处分"界定为"使自己所控制的财物脱离自己控制，转交他人控制"。只有分析到这个层次，才有可能结合本案的实际案情说明问题。结合本案，被害人王某在范某某的谎言引诱下，将自己的财产交出的行为，并不表示其真实地想将财物进行处分的意思，也就是说，被害人王某并没有将自己的财产转移控制的意愿。在她的意识里，财产放在自己所能目击的范围内，财物仍然受自己控制。因此，尽管从直观判断，被害人有将自己财物交到被告人手上的行为，但是并不代表其有处分财产的意思。因此，本案中的交付行为没有发生。第三，被告人取得财物的最终方式是秘密窃取。在这起案件中，被告人实施了两个以上于法律上有意义的行为，有必要将其做主次关系的分析，需要结合被告人最终取得财物的方式与各行为之间的关联程度进行判断。本案中，被告人取得财物的最为直接、关键的方式是趁被害人上厕所之际秘密获取的。尽管其前期有骗取的行为，但该行为并不能直接导致被害人失去对财物的控制，也不能使自己对他人财物达到实际的控制，属于辅助行为。综合上述分析，被告人的行为应当认定为盗窃罪。

（三）对于比较复杂的案件，公诉意见书应当做好有层次性的说明，将法律对每个犯罪人、每个犯罪事实的评价说清楚

现实中有些案件相当复杂，有的表现为事实复杂，有的表现为法律分析点较多。对于这种案件，公诉人要善于透过事物表象，紧扣本质进行论述，力争将法律分析问题说清、说透彻。这就需要公诉人有扎实的理论功底以及发觉焦点问题的觉察能力。比如，现实中较为常见的共同盗窃案件，被告人田某、李某、王某某商量一起到被害人孙某家中盗窃。田某、李某先行赶到孙某居住的小区门口，等待王某某，但被王某某电话告知生病不能来。被告人田某、李某商量：从被害人家的厨房窗户爬进去，如果被害人被惊醒，就找把菜刀吓唬他，逼他把值钱的东西交出来，并由李某进入被害人家中，田

某在外望风。李某从被害人家中厨房窗户爬进屋后,从厨房拿了一把菜刀,在进入被害人家客厅时惊动了被害人孙某,李某持菜刀猛砍孙某头部,由于孙某大声呼救,李某在未取得财物的情况下逃离现场。被害人孙某当晚被送往医院,经抢救无效死亡。检察机关以王某某构成盗窃罪(未遂),李某构成抢劫(既遂、入户),田某构成抢劫(未遂、入户)罪提起公诉。

类似案件在司法实务中经常遇见,要分析各被告人的罪名和刑事责任及依据必须把以下问题说清楚:第一,王某某参与了预谋,但是没有到现场且未有实行行为,为什么需要承担盗窃罪的刑事责任。需要说明,王某某与田某、李某已经达成入户盗窃的合意,有共同故意并有共同商议行为。根据刑法共同犯罪理论通说,应当追究其盗窃罪的刑事责任。同时,认定王某某不构成犯罪中止,虽然其在共同犯罪过程中自动放弃了本人的行为,但未能有效制止其他共同犯罪人的犯罪行为,阻止犯罪结果发生,故应当在其主观故意和犯罪后果范畴内承担盗窃罪的责任,鉴于田某、李某系因为意志以外的原因导致盗窃目的未得逞,所以,王某某的行为构成盗窃罪(未遂)。第二,田某没有实施抢劫的实行行为,为什么要承担抢劫罪的刑事责任。需要结合双方的预谋,准确认定田某的主观故意的内容,认定田某的主观范畴里有盗窃不成即行抢劫的故意,同时客观指出其并没有杀人的故意,由于未能达到田某主观上非法占有财物的目的,属于犯罪未遂。第三,李某的行为构成抢劫罪还是故意杀人罪。需要说明,抢劫罪是指以非法占有为目的,以暴力、胁迫或者其他方法,强取公私财物的行为。本案中,李某的故意杀人行为应作为抢劫行为的暴力行为理解,认定被告人李某的行为构成抢劫罪,既全面评价了李某的行为,且正确适用了法律。第四,李某、田某行为是否构成入户抢劫。根据司法解释的规定,满足以下三个条件的,即可以构成入户抢劫:一是成立户;二是入户目的非法性;三是暴力或胁迫行为发生在户内。据此,被告人李某、田某的行为构成入户抢劫。第五,李某并未取得财物,认定其抢劫罪既遂的依据。根据《最高人民法院关于审理抢劫、抢夺刑事案件适用法律若干问题的意见》,"具备劫取财物或者造成他人轻伤以上后果两者之一的,均属抢劫既遂"。第六,区分主从犯。该案中王某某参与了盗窃的预谋,并未到犯罪现场,也未有盗窃的实行行为,在共同犯罪中起次要辅助作用,可以认定为共同犯罪中的从犯。田某参与了抢劫犯罪的预谋,虽然没有实施抢劫的具体行为,但是其依据分工实施了望风行为,不应认定为从犯。

在公诉意见书中通过这种层层剥离的方法,使案件处理的层次显得更为清晰,法律适用问题阐释得比较清楚,说服力较强。

二、多角度剖析案件特点

不同案件有不同特点,即便是相类似的同罪名案件也会在犯罪成因、动机、目的、手段、结果、类型等方面有所不同,需要办案人员用心去挖掘、提炼、总结。案件特点可以从作案手段、犯罪心理、危害后果等多个方面、多个角度去理解。比如故意杀人案中,由于犯罪动机、目的、手段、后果以及被告人作案后的表现,个案会呈现不同特点;在诈骗案中,被告人有利用被害人贪利无知的,有利用被害人同情心理的,有利用被害人的亲情友情的等;在受贿案件中,被告人有的受贿次数很少,但单笔数额很大,有的则采取的是蚂蚁搬家式的受贿模式,有的则利用节假日受贿,有的不分时日受贿,有的来者不拒,有的受贿对象较为固定;等等。这些都需要案件承办人细心地去发掘。不论是从哪个方面对犯罪特点进行剖析,都有可能形成一篇有相当针对性的法治教育材料。下面笔者节选已经公开的优秀公诉意见书,从不同的角度摘其内容来做说明。

(一) 从作案手段分析案件特点

以王某某受贿案为例。起诉书认定,被告人王某某在1994年到1999年担任某地委书记期间,利用职务便利或其地位形成的影响,为有关个人和单位谋取利益或承诺谋利,单独或伙同其妻文某某共同收取他人贿赂100余万元。本案系一起受贿案件,除了被告人所担任的职务之外,与其他一般的受贿案件并无特别不同之处。但是公诉人在制作公诉意见书时,对被告人作案的特点做了细致分析,从四个方面将本案区别于其他案件的特点通过公诉意见书呈现出来。具体如下:(1)共同受贿人关系的紧密性。被告人王某某与文某某系夫妻,王某某利用职权为他人谋利,但基本上不收钱,文某某收钱,夫妻二人一个台前,一个幕后,共同演绎着家庭腐败剧。(2)受贿中收钱与谋利的对合呈现时空上的跨越性。本案有别于为特定事项而进行一次性权钱交易的"一锤子买卖",行贿人的行贿动机都是寻求王某某掌握的地委书记的大权,但行贿目的往往具有一定的概括性,在王某某任期内往往借亲戚、朋友、老乡之名行贿,往往多次行贿,行贿的时机往往选择过年过节、王某某住院或王某某子女结婚、考学时期。行贿人行贿时机的选择,以及由此体现出的受贿犯罪收钱与谋利在时空上的表面剥离,丝毫不影响王某某受贿犯罪收钱与谋利在一个特定时期所形成的整体上的对合关系。(3)权力滥用的广泛性。王某某作为地委书记,权倾一方,其受贿犯罪中为他人谋利的权力应用方式包括工程承揽、银行贷款、干部提拔、司法干预、解决经济纠纷、国有土地使用权转让、大学生工作分配等，范围涉及金融、人事、司法领域。(4) 权力运用的隐蔽性。王某某在运用权力为他人谋利时，尽可能表现得隐蔽、含蓄。王某某为他人谋利，有的直接打招呼，有的则给予暗示，有的甚至借出席行贿人承揽工程的宴请以施加影响；有时自己出面，有时安排司机代为出面，有时由妻子代为出面。

(二) 从被告人的主观恶性分析案件特点

公诉人揭示被告人主观恶性时，可以从其犯罪成因、动机、目的等方面进行分析，也可以通过其具体作案方式、所造成的严重危害后果展开，或者将上述因素综合进行分析。要把被告人的主观恶性充分挖掘出来，需要公诉人对案件进行全方位的细节关注，从而从多个角度综合评价被告人的主观恶性，这一点余某故意杀人案的公诉意见书做了很好的范例。被告人余某与杨某某同居后因性格不合，二人分手，后余某要求与杨某某恢复关系遭拒绝。2005年5月3日，被告人余某来到杨某某父母家中，欲对杨某某纠缠，杨某某避而不见。余某即回家中携带两把弹簧刀蓄意杀害杨某某。当日18时许，余某再次来到杨某某的父母家中，与杨某某的家人发生争执。余某遂用弹簧刀将杨某某的父亲、母亲、姐姐、姐夫、外甥、女儿六人刺死。这是一起骇人听闻的危害性极大的恶性杀人案件，公诉人在发表公诉意见时，并没有简单地从被害人众多、手段恶劣等方面阐述犯罪的严重性，而是由细节入手，从以下几个方面将被告人的主观恶性以及行为的严重危害性直观地呈现在社会公众面前。具体如下：(1) 从被害人数上看，被告人余某一次连续杀死六人，一人一次杀人之多，实属罕见，被告人杀人之疯狂令社会震惊。(2) 从刺杀部位看，被告人以前练过武术，喜好兵器，所以在杀人过程中刀刀致命，无一不刺中死者要害部位，据法医鉴定，死者中刀部位均为心脏附近。(3) 从刺杀力度看，被告人杀人力度非常之大，据法医鉴定，死者身上的切创均深达内脏，最深一刀创深达9厘米，充分体现了被告人杀人之狠。(4) 从刺杀的刀数来看，被告人杀人刀数非常之多，死者中最少的身中2刀，最多的身中7刀，被告人朝六名死者一共刺了24刀。被告人刺杀的部位如此之准，刺杀的力度如此之大，刺杀的刀数如此之多，这都充分反映了余某当时剥夺他人生命的决意，他没有给被害人留下任何生的机会。(5) 从刺杀的对象来看，六名死者中有两名是儿童，年龄最大的61岁，最小的4岁半，均未能幸免。中国历来有尊老爱幼的传统，老人、儿童是社会的弱势群体，是社会关爱的对象，但被告人在将刀尖刺向他们的那一刻，却没有丝毫迟疑，没有丝毫怜悯，没有丝毫颤抖，这充分体现出被告人杀人之残忍。

（三）从犯罪原因分析案件特点

从公诉意见书的制作来看，对被告人犯罪原因进行分析，旨在让社会公众能从被告人犯罪行为的发展轨迹中汲取一些教训，当社会管理缺失构成犯罪原因之一时，可以借此对社会管理提出进一步的完善建议。实践中，被告人的犯罪原因可能比较单一，也可能较为复杂，属于多重因素叠加。公诉人在表述被告人的犯罪原因时，可以综合各方面的因素进行分析，也可以针对突出个案特点的因素进行分析。比如，上述余某故意杀人案，公诉人便是从被告人实施犯罪的三种心态着手展开论述的，分析很透彻，说服力强。具体如下：（1）发泄心态。余某的婚姻失败，使他对婚姻失去信心，而与杨某某的感情破裂，再次使余某陷入感情困扰，只要理性对待，冷静处理，问题都能解决。但余某却选择了一种极端的方式寻求解脱。公安人员问他杀完人后的心态，余某说很轻松，很开心，一点紧张感都没有。杀人使余某从情感危机中得到发泄，这种以残杀他人的生命为情感苦闷的发泄方式，折射出余某灵魂的扭曲。（2）报复心态。余某归案后，公安人员问他是否后悔，余某说唯一后悔的就是没有杀死杨某某。公安人员问余某为什么连老人小孩都要杀时，余某回答：因为死的人越多，带给杨某某的伤害就越大。就是这种无法解脱的恨，最终使余某走上不归路，在仇恨的怒火中将自己燃烧成灰烬。（3）厌世心态。余某在 2003 年因涉毒被刑拘后，经济状况一落千丈，习惯了挥霍无度的他对自己的现状非常不满，由此变得越来越沉沦，逐渐丧失生活信念。因为厌世，所以余某的人生态度就是及时行乐。余某在接受讯问时说，他以前的人生口号是享受每一天，后来改成了享受每一分钟。这种极其消沉的人生观，为余某终有一天自取灭亡的人生结局埋下了伏笔。

（四）从犯罪的社会危害性分析案件特点

犯罪的社会危害性不仅限于犯罪行为所造成的人员伤亡以及客观的物质损毁，更能对人形成心理触动的在于犯罪行为对被害人（亲属）所形成的精神打击，对社会公众的心理感受影响。如果能将此提炼出来再配之以打动人心、引发共鸣的文字，便能收到良好的法治教育效果。

比如，韩某某等 17 人失火、重大责任事故案。公诉意见书中写道："死难者张某某、余某某是农民，进城搞建筑打工，因施工图纸修改，他们一连三天没活干。28 日晚，他们离开工地，每人花了 3 块钱，进了天堂影视俱乐部的大厅，29 日凌晨 3 点半，大火燃起，张某某、余某某和另外 72 人同赴黄泉……被火灾洗劫现场的上空，弥漫着焦煳的血腥味，到处是残垣断壁,到处是纵横交错的一堆堆严重变形、高度碳化的尸体,他们有的蜷曲着身子,有的身首断离,有的肢体不全,有的脑浆烧出,其状之惨,令人发指。"再如,大家所熟知的张子强绑架案,公诉意见书中有这样一段:"李某遇害时,年仅40岁,正当盛年,因为被告人的暴行,他所在的公司失去了一位能干的经理,他的父母失去了儿子,他的妻子失去了丈夫,年幼的孩子再也得不到父亲的爱。本来完整的家庭,一夜之间变得支离破碎,与亲人阴阳相隔的悲痛将长久地笼罩在被害人家属的心头,这种损失,是任何金钱也无法弥补的。"

三、重视与辩方沟通

来自执业纪律的限制,公诉人不可能与辩护人进行过多的联系,但必要的工作沟通和交换意见是法律规定的程序,于实践效果来看也很有必要的。公诉人与辩护人之间的沟通一般发生在两类场合,一是在审查起诉阶段听取辩护人意见或辩护人主动与公诉人交换意见,二是法院主持下的庭前会议。由于利益指向不同,公诉人与辩护人之间表面上呈现的是对抗状态,但是落实到实践运作层面上,这种对抗并非一般意义上的对立和排斥,更多体现在通过对抗使双方观点更趋一致,使案件处理更加公正。从这个角度,可以把控辩双方的关系界定为在对抗中的合作。笔者理解的公诉人与辩护人沟通的最佳状态是,彼此对对方的观点和意见有充分了解,彼此之间的分歧明朗化,双方围绕争议焦点在事实和法律上展开争论。从实践经验来看,控辩双方进行沟通并交流观点,不仅是双方的需求,而且有利于提高诉讼效率和公正。从公诉意见书的制作看与辩护人的沟通,其效果主要体现在三个方面。

(一)公诉人可以通过听取辩护人的不同意见,检验自己对案件的把握是否准确,能够检查出一些平时不为自己注重的案件细节以及自己适用法律上的偏差或疏漏

公诉人在办案过程中长期处于单兵作战的工作状态,自己对案件形成的看法乃至结论,多是在封闭的环境下作出的,缺乏来自外界的有效检验,尤其是来自对手的质疑。辩护人作为公诉人的工作对手,与公诉人一样完全掌握案情,用他们的认识来检验公诉人的判断是非常有效的。以下列案件为例,被告人卞某正与卞某勤系同村村民,2008年年初来某市打工。因嫌公司待遇过低,两被告人商议通过非法手段获取钱财。自2008年5月至2008年9月,两被告人先后采取盗窃、抢夺的方法获得他人财物合计价值人民币

23200元。两被告人先后被公安机关抓获。侦查机关以盗窃罪、抢夺罪将两被告人移送审查起诉。本案虽然存在多笔事实，但案情相对清楚，两被告人一直作稳定有罪供述。承办该案的公诉人在提审两被告人时，照例讯问了两被告人的归案过程以及是否存在立功表现，但两被告人的回答显示本案不存在自首或立功情节。公诉人很快完成了案件的审查工作，准备草拟起诉书，履行完汇报程序后即将案件提起公诉。但卞某正的辩护人在与公诉人的交流过程中，提出其在会见卞某正的时候，卞某正供述其在侦查机关辨认了卞某勤的照片，并且提供了几个卞某勤可能隐藏的地点，希望公诉人仔细审查卞某正是否存在协助侦查机关抓获同案犯的立功行为。公诉人随即再次审查了侦查机关出具的抓获经过，但从这份抓获经过中，并不能看出卞某正有协助抓获卞某勤的情节，公诉人于是再次提审了被告人卞某正进行重点讯问，其所供述的内容与辩护人反映的情况一致，之所以前期没有供述此情节，是考虑到与卞某勤的关系，不想让这件事被其知道。公诉人与公安机关进行沟通之后，印证了卞某正的供述，并且公安机关确实是根据卞某正提供的卞某勤可能隐藏的地点到其亲戚家将其抓获的。根据此情节，公诉人认为，应当认定被告人卞某正有协助公安机关抓获同案犯的事实，依法认定其立功，于是要求公安机关重新详细出具卞某勤的归案经过，做了正确认定。

（二）通过与辩护人的交流获得更多的信息，了解、预测辩护人的主要辩护观点并且在公诉意见书中有针对性地发表意见

比如，一起受贿案件，被告人先后多次收受他人财物，并利用职务之便为他人谋利。在庭前会议时，公诉人对法庭审理时的示证方案做了说明之后，辩护人提出了部分质证意见和辩护观点。其提出的质证意见中包括对证人以"情况说明"的形式提供的证据提出异议，辩护人认为，这并不符合证人证言的表现形式。同时，也提出了被告人收受他人财物与为他人谋利的行为之间存在时空的跨越性，不能建立刑法上的联系。对此，公诉人在制作公诉意见书时做了针对性的说明。对前一质疑，公诉人除了在质证时做了答辩之外，在公诉意见书中也做了如下表达"从证据的来源区分，证人证言可以分为两种类型。一种是司法机关依职权向证人进行询问，此时证人处于被动地位，司法机关的行为是行使公权力的表现，自然要受刑事诉讼法的制约，应当注重形式上的要求。还有一种情况是证人主动向司法机关提供证言，证人处于主动地位，本质是其个人的意思表示，其可以自主决定以何种方式向司法机关提供证言，无须受证据形式的限制，因此，辩护人以此为由的质证意见是不能成立的"。对于后者，公诉人则在公诉意见书中做了简短

的说明,"综合法庭调查的证据,被告人收受贿赂与利用职务之便为他人谋利的事实是客观存在的,从行受贿双方的供述来看,双方对两者之间的联系均作了稳定一致的供述,尽管在有些事项上两者之间的时间跨度较长,但并不影响两者之间的关联。"

(三)了解并掌握辩护人收集的证据,从而使得双方的博弈成为真正意义上的信息平等的对抗,并有针对性地提出质证意见

实践中,证据突袭有可能给公诉人的证据体系带来致命性打击,经常出现的情况是导致庭审无法进行,降低了诉讼效率。所以,公诉人在开庭前应当尽可能地掌握辩护人将要在法庭上出示的新证据,并做有针对性的质证准备,在准备公诉意见书时,应当将这方面的综合意见作为一项内容发表。

通过上面的分析,我们能够直观感受到公诉人与辩护人沟通的必要性以及实践中的经常性。但值得注意的是,由于双方所处的不同立场和身份,加上诉讼的对抗性,公诉人与辩护人交往时,应当注意以下几点:第一,视对方表现决定自身态度。公诉人与辩护人之间能否展开有效沟通,关键因素是双方为此表现出的积极态度要大致相当。对于能够建立信任、能够坦诚提出己方观点和意见的辩护人,公诉人也应当拿出积极态度,尽可能在不违反原则的基础上将交流推向深入。反之,对于态度并不积极,刻意隐藏自身观点和本方证据的辩护人,公诉人也应当采取相对保守态度,与之进行面上的交流,在表达观点时点到为止。第二,交流但不试图说服对方。控辩双方交换意见旨在通过信息的相互交流使得双方能在更公平、更有效的平台上进行博弈,由于所处的立场不同以及对事实的判断、对法律的认识存在差异,使得控辩双方必然存在争议,而这种争议势必要留给审判者去裁决。公诉人在与辩护人的交流中,不可能指望所有的争议问题都能够在庭前得到解决,因此,公诉人在与辩护人交流的过程中首要的任务是认真倾听,无须为了说服对方过早地与对方展开辩论,而应当针对辩护人提出的辩护观点对自己的意见作认真审视,继而有针对性地提出指控意见并做好抗辩准备。当辩护人提出新的证据时,公诉人需要本着实事求是的态度,对该证据进行认真的审查复核,以确定这些证据的效力以及对本方起诉观点所产生的影响。第三,注意身份定位。公诉人以检察机关案件承办人的身份在履行工作职责,因此,在发表意见时,务必严谨、客观,切忌随意发表观点。案件尚未形成最终处理决定的,不要发表所谓的个人意见;案件已经形成处理意见的,即便与个人意见不一致,也应当维护最终的处理意见,避免给对方造成检察机关内部对案件处理存在分歧的感觉。当辩护人提出诸如取保候审、申请调查新的证

据时,要认真记录在案,在认真研究并履行必要的内部汇报程序后再做出答复。

四、深挖案件情感点

公诉意见书要能够打动人并且与社会公众形成共鸣,这就需要公诉人善于挖掘案件的情感点。这种情感既可以是来自对被告人的憎恶,也可以是来自对被害人的同情,多数情况下,是两者兼而有之。通过阅读大量的优秀公诉意见书以及国外著名律师的结案陈词,我们发现大凡一份好的文书,无不在情感方面做足文章,或感人至深,或发人深省。实践中,这些情感点一般隐藏得比较深,需要公诉人本着善良的社会心理去审视案件中透露出来的某些细节,这些细节不在于要催人泪下,主要在于与听者之间形成心灵上的共鸣。

情感点可能与案件的事实和证据无关,只是作为一个现象隐藏在案件当中,但如果能够提炼出来,则能够起到动人的效果。比如,一起受贿案件中,被告人曾经谈到"知道事情将败露,在被抓的前一天晚上,我与妻子在家里忙着清理家里的财产和证据,该转移的转移,该销毁的销毁,一直忙到晚上十点多钟,夫妻两人才坐下来相对而视、无语,这时看到对面楼一户户人家灯火通明,有说有笑,心里顿时觉得自己失去了许多珍贵的东西,同时也后悔不已"。被告人的这番话,被引用到公诉意见书中,后来经常被援引作为预防职务犯罪的事例。

从犯罪危害后果入手挖掘案件情感点是当前公诉意见书的惯常做法,关键的问题是切入点是否得当。在上文记述的余某故意杀人案中,被害人共计六人,但公诉人在公诉意见书中紧紧抓住其中的一名叫谢某某的小女孩,从其生活细节以及父母子女之间的情感入手,写了一段感人至深的话,"死者谢某某出生于台湾,聪明漂亮、活泼可爱,被父母视为掌上明珠。令人痛惜的是这张美丽的小脸再也无法绽放她的笑容,在今后的岁月中,她的父母,也只有在梦中找寻她那风一般快乐的身影。案发当日杨某某走进家门时,看到女儿倒在血泊中,旁边还放着没有吃完的零食,茶几上还放着她没有画完的画。每当这些画面映现在脑海里,杨某某就无法抑制内心的伤痛,彻夜难眠。孩子生前从来没有离开过杨某某,晚上睡觉都要枕着妈妈的胳膊才能入睡。她还乖巧地说过,长大后赚钱给妈妈,现在买东西,妈妈付钱,以后妈妈买东西,我付钱。可惜,孩子与母亲的这句约定永远不可能实现了。今年的六一儿童节,是让杨某某心碎的日子,今后每一个六一儿童节,都是让她心碎的日子。"

情感点还可以由被告人的犯罪原因入手,并综合家庭关系、家庭情况进行入情入理的分析。以胡某某招摇撞骗、盗窃案为例。公诉意见书中写道:"在审查起诉过程中,公诉人了解到,被告人胡某某的父母离异,有一个哥哥先天残疾,她和母亲相依为命。年迈的母亲患有严重的高血压、心脏病、糖尿病,眼疾使得老人视力模糊,行动不便。公诉人还了解到胡某某的母亲是一位月薪只有几百元的退休职工,一辈子省吃俭用的积蓄加上她父辈的遗产一共十余万元,均被胡某某以各种借口骗走,用于吸毒。老人曾经收到过医院发来的多张入院通知书和病危通知单,她却舍不得花钱看病,因为她不忍女儿被毒瘾折磨,屡屡把省下来的钱给她购买毒品。老人告诉公诉人,有一次她正高血压发作,女儿的毒瘾也发作,女儿硬逼着她去借钱,她说借不到,女儿竟丧心病狂地去卡她的脖子,把她从床上踹下来。居委会主任知道她病得厉害,给了她150元看病,但就是这150元救命钱,也被胡某某拿去买毒品。公诉人问老人:女儿这样对你,你恨她吗?老人说:不,她是我女儿,我只记得她曾经对我说过,妈妈,我也三十几岁了,我不能再这样了,就冲这样的话,我有信心,我要等她,我要让女儿知道妈妈没有放弃她,这样她才能安心改造。就是这样一句句无比朴实、充满母爱的话语,一个个望其向善的心愿,足以让我们在庭审现场的每一位听众都感到心里沉甸甸的。今天,胡某某的母亲也来到了法庭,我想,此时此刻,被告人站在法庭上面对自己的母亲,难道不心灵震撼、幡然悔悟、忏悔觉醒吗?借此机会,公诉人也想对胡某某的妈妈以及天下所有的父母说一句:爱子女要有限度,过了头就成了溺爱。胡某某吸毒有她自己不可推卸的主观责任,但母亲不讲原则、不分好歹的呵护一定程度上也放纵了她,使她有恃无恐,肆无忌惮,这里要特别强调的是,胡某某招摇撞骗案案发后被取保候审,她的母亲是保证人。胡某某擅离南京市,老人并没有及时向司法机关报告,她说她以为这样女儿就可以获得自由了,这是多么愚蠢和荒唐的想法和做法啊。"

这份公诉意见书以被告人胡某某母亲的爱子之心为情感点作为法庭教育的主线,分析了被告人的犯罪原因,向社会传递了父母对子女严管是爱的理念。同时,通过母女之间的亲情关系,从另外一个角度揭示了被告人的行为不仅对社会造成了危害,而且深深地挫伤了一位慈母之心,让旁听人员无比动容,深深感慨。

第二节　把握制作公诉意见书的基本要求

公诉意见书的法律属性决定了该文书在制作过程中要遵守一些基本原则并符合规范性要求。同时，为了使公诉意见书的多重功能能够得到最大限度的发挥，需要公诉人掌握公诉意见书制作的规律性特点以及一些方法和技巧上的要求。

一、客观公正

尽管处于控方地位，但公诉人担负着客观公正义务是毋庸置疑的，公诉人在发表公诉意见时必须依据案件的证据并结合证据规则，对证据的充分性进行分析，进而在此基础上提出定罪量刑的意见。在发表指控观点时，不仅要着重被告人应当受处罚的理由，同时也应当客观地根据被告人的犯罪情节以及其他方面的事实公正地提出量刑建议。针对庭审中出现需要修正起诉书指控观点的情况，公诉人应当适时地根据庭审发生的变化，对指控观点作局部修正，而不论这种修正是否有利于被告人。对于辩护方提出的合理、合法的辩护观点，公诉人应当敢于纳言，向法庭提出公正的处理意见。

（一）对事实的认定和法律适用要有理有据

这是检察机关指控犯罪的基础要求，也是制作一份高质量公诉意见书的前提条件。但是不容忽视的是，不是所有的公诉意见书在事实认定和法律适用方面都能够做到客观公正、有理有据。那些通过媒体不断暴露出来的错案，它们的公诉意见书无不存在强词夺理、刻意回避实质矛盾的问题。其实，这些案件多数在审查起诉阶段就发现了问题，但公诉人从履行职务的角度，需要自圆其说，因此根本就谈不上有理有据。

在有些案件中，证据认定分歧较大，法律定性也没有形成理论通说，在这种情况下，经常是公说公有理，婆说婆有理。公诉人在公诉意见书中表述的"证据确实充分、法律适用准确"往往是自说自话，对方并不表示认可。这时公诉人有必要体现客观公正的态度，而不是一味地强词夺理，牵强附会。在案件事实证据存有瑕疵或者细节证据尚不到位的情况下，公诉人在公诉意见书中要客观指出，继而分析这样的证据状况并不影响"证据确实充分"的认定标准。比如，一起以借为名的诈骗案件中，被告人部分借款的去向不明，这时，公诉人需要在公诉意见书中表达"由于被告人拒不供述钱款去向，并为侦查工作设置了重重障碍，目前案件的部分款项去向没能查清，以至于不能完全满足被害人的退赃诉求，但赃款未查清并不影响本案中被告人实施了诈骗行为的事实认定，理由如下……"当案件在实体定性方面存在争议的情况下，要分析当前刑法理论和相关法律规定，指出其中可能存在的争议，再从认定犯罪的角度阐述控方的具体理由，并尽可能地做到详尽。现实中存在大量的此类罪与非罪、此罪与彼罪的情况，这些案件一般在起诉前酝酿的过程较长，庭前公诉人一般能对辩护意见做出较为准确的预测，因此，公诉人完全可以在公诉意见书中将法庭辩论将会出现的争议提前指出，并立足于己方的观点进行较为充分的论证。例如，在一起侵犯计算机信息系统案中，被告人张某某通过软件设置，影响网络查询排名，使得某网络公司设计的排名功能不能正常发挥，被告人对外出售该软件谋利。在这种情况下，是否能够认定被告人的行为对计算机信息系统功能造成了破坏或干扰，造成计算机系统不能正常运行。传统的观点是本罪应当是侵入到计算机信息系统，通过一定手段如输入一个新的程序干扰原程序，以影响计算机系统正常运转。本案中，被告人的行为属于非典型的"干扰"行为，主要表现在其对网络系统本身并没有破坏，也没有导致系统不能运行，而是通过添加程序对系统运行施加影响，导致系统原有设定的功能得不到预期发挥。对该案提起公诉，公诉人能够事前掌握辩护观点，并有针对性地做好准备。在发表公诉意见时，公诉人应当准确地引用法律条文和司法解释，先客观说明此类案件法律和司法解释规定得比较笼统甚至不明确，容易在实践认定中产生一些争议，继而阐述控方的以下认定理由：一是本罪中的破坏包括干扰，其中的干扰并不仅限于对计算机系统进行了物理性质上的影响；二是本案中被告人的行为已经对排名系统的运行进行干扰，使之不能按照原设计功能及目标运行，属于对计算机系统的干扰；三是被告人的行为影响了系统的正常运行以及本案存在的社会危害及类案危害的比较。

（二）对被告人犯罪情节要客观实在地进行分析

犯罪情节可以分为被告人的主观恶性和客观危害性。这里所说的主观恶性主要表现在犯罪原因和通过其他客观事实反映出的犯罪心理。其中犯罪原因是判断被告人主观恶性的重要因素。现实社会中，诱发被告人犯罪的原因往往是多元化的，不同个案隐含的情况会有所不同，公诉人在分析被告人犯罪原因时，需要从教育、警示的角度根据不同个案的特点，客观地找出其中关键的诱发因素。比如，同是在征地拆迁领域的滥用职权犯罪案件，被告人出于为他人谋利的动机实施了滥用职权的行为与被告人在领导尽快完成拆迁任务的督促下实施了滥用职权行为，两者之间的主观恶性是有差异的。同样是受贿犯罪，其主观动机的卑劣程度也会有所不同，有的是被动收受，事后没有退还；有的是主动要求，甚至索取贿赂。对这样类型相同但犯罪动机不同的案件，公诉人在情节认定、量刑建议方面应当体现区别，体现客观公正的立场。

公诉人在归纳被告人行为的社会危害性时，不仅需要考虑所指控罪名的构成要件中所包含的危害后果，还要从社会一般观念评判被告人行为的社会危害性，必要时还需要把案件证据体系之外的事实以及犯罪构成要件以外的后果纳入到社会危害性中做一体考量，以强化法庭对被告人行为的社会危害性的认识。比如，一起聚众扰乱社会秩序案，被告人为了实现其非正当的诉求，多次纠集数十人到位于闹市区的某商场打横幅、喊口号，严重影响了商场的经营活动。其间，商场的一名经营户在与被告人发生争吵时突然倒地死亡。尽管证据能够证明死者生前有心脏病史，但由于死者家属不同意做尸检，死者的死亡原因无法证明。虽然该死亡后果不能与被告人的行为建立刑法上的联系，但是根据一般社会公众的判断逻辑，应当将该死亡后果放在公诉意见书中表述，以增强法庭和社会公众对被告人行为严重危害性的认识。当然，为体现客观公正立场，公诉意见书应当实事求是地表明，由于证据上的原因，本案无法将死亡的后果与被告人的行为建立刑法因果关系上的联系，但是这可以作为对被告人量刑的酌定考量因素之一。

二、系统考量

法庭庭审是一个系统化的工程，包括法庭调查和法庭辩论两个板块，其中涵盖多个单元。板块之间、单元之间表面上虽然独立存在，但内部存在着必然联系。公诉人在法庭上要做的一项重要工作就是通过科学、细致、缜密的工作将各个单元串联好，不仅使之在形式上具备更紧密的关联性，从实质效果上也要使各部分组成的合力发挥到最大。所以，系统性原则是公诉人出席法庭应当遵守的一项重要原则。在发表公诉意见时之所以要强调这一原则，主要是考虑到发表公诉意见是对法庭调查的总结，同时是开启法庭辩论的必经环节，其在整个庭审过程中起着承上启下的作用，在整合其与其他程序之间的关系时，系统化的要求是不言自明的。另外，从充分发挥公诉意见书的功能的角度，也需要从系统化的角度多加考量，以使之与其他程序组合发挥最大的合力。

（一）充当好衔接法庭各环节之间的纽带

从公诉意见书为主体的角度，法庭调查和法庭辩论要充分照顾到公诉意见书的发表。公诉人在法庭调查时应当围绕公诉意见书的主要内容展开，公诉意见书中所载明的重要事实和理由，需要在法庭调查阶段打下坚实的证据基础，否则将会导致法庭辩论的事实基础不牢靠，所以针对这些控方需要运用的重要的事实和证据，在法庭调查阶段应当尽可能地做好质证和解释，针对辩护人提出的争议提前解决，从而使得后续的程序更有基础。比如，公诉人拟在公诉意见书的法庭教育部分，重点揭示被告人的犯罪原因，那么法庭讯问时必须重点涉及这方面的内容；公诉人如果准备在发表公诉意见时，着重强调被告人犯罪行为的社会危害性，在法庭示证阶段应当就该方面的证据做较为详细的出示和说明；在法庭辩论中，公诉人发表的辩论意见应当与公诉意见书相互呼应，尽可能地做到层层递进、步步深入，对于辩方提出的多个辩护观点，其中有轻有重，有主有次，公诉人在答辩时也应当详略得当，区别对待。对于已经在公诉意见中发表的答辩观点，应当简要地予以说明或不再赘述。立足于法庭调查和法庭辩论为主体的立场，公诉意见书应当照顾到这些程序的有效进行。公诉意见书发表的观点以及事实都应当建立在成熟的法庭调查基础之上，不得与法庭调查的事实偏差。同时，公诉意见书应当照顾到后续的法庭辩论。一般情况下，公诉人能够较为准确地预测到控辩双方的辩论焦点，对此，公诉意见书中应当有所体现。对于在发表公诉意见时应当解决的问题，不要留到后面的法庭辩论时再去处理，这方面值得注意的是对概念的阐述，一些对于案件的定罪量刑有重要意义的概念，如果被辩护方抢先解释，则会给合议庭及旁听人员先入为主的影响，导致法庭辩论的难度增大，所以对这些重要的概念，公诉人应当在发表公诉意见时及时地阐述清楚。

（二）妥善处理个别与整体之间的关系

公诉人在制作公诉意见书时，需要站在宏观、微观两个不同角度和层次去审视案件的事实、证据以及量刑建议，因此必须处理好个别与整体之间的关系。一是要讲究个别服从整体。在证据审查方面，单个证据要放到整体证据体系中去考量。在案件的事实认定上，最终的落脚点是整体证据的证明力，虽然说个别证据问题能够影响全案的证据效力，但这种影响力要视个别证据的重要性以及问题的严重性来进行判断。在这点上，公诉人与辩护人所处的立场与看问题的角度并不一样。站在辩方的角度，一般会着力突出个证中存在的问题，强调个证问题对全案的破坏性。站在辩方的立场，这样的辩护方式无可厚非，但却有失公允。公诉人在公诉意见书中分析证据时，一方面要客观正视个证问题，但另一方面一定要站在公正立场将全案证据进行综合比对，分析全案证据的综合效力。比如，一份讯问笔录缺少讯问的起止时间、存在粘贴复制现象、与录音录像存在非实质性差别。对此，公诉人应当在客观承认证据存在瑕疵的基础上，综合比对其他证据，从关联性和客观性的角度阐述证据的证明效力，驳斥辩方非法证据的主张。在事实认定方面，单个情节要放置于整体情节中进行考量。公诉意见书在提出量刑建议时，在被告人有众多量刑情节的情况下，公诉人应当在对这些情节进行评价的基础上，将落脚点放在与社会危害性相对应的量刑意见上。比如，被告人有自首情节，但是其犯罪手段极其残忍、后果极其严重，依法还是应当建议判处死刑。二是整体要照顾个别。在尊重整体定罪思路的前提下，重视个别分歧。尽管公诉意见书在论证被告人的行为构成犯罪时阐述了充分的理由和论据，但对个别分歧点不能忽略。如一起诈骗案件，指控意见是既遂，但在检察机关内部研究存在未遂的观点，而且这种观点有一定程度的合理性时，公诉人应当客观地指出这种分歧，并同时说明不采信这种意见的理由。同样，在开展法治宣传和教育时，公诉意见书可以在尊重整体事实的前提下，提炼个别事实或细节，以增强其说服力和感染力。这一点在前文已经做了比较详细的阐述，在此不再过多举例并赘述。

（三）讲求个案与社会相结合

一是个案的法律评价应当以社会一般正常观念为标准。无论是从宏观上作罪与非罪的判断、提出量刑意见，还是从微观角度考察被告人主观认知和意志、行为与危害后果之间的因果关系，都有必要坚持社会一般正常观念，否则司法的社会认可度将会打折扣。二是通过个案投射社会问题。不可否认的是，当前暴露出的一些个案中确实存在社会管理缺乏方面的问题，公诉意见书有必要从社会管理的角度分析犯罪成因，揭示其中社会管理失范、监管失效等方面的问题，从大局入手，更好地推进社会综合治理。

三、到位并适度

到位是指立论要到位，公诉意见书要写到什么程度并没有一定之规，但该论证到位的地方一定要到位。

（一）论证被告人构成犯罪的理由要到位

论证犯罪的过程大致是逻辑三段论，大前提是法律规定，小前提是案件事实，结论便是案件事实符合法律规定，从而得出被告人的行为构成犯罪的结论。而案件事实的基础是证据确实充分，所以需要从证据分析方面做详细论证，得出高度类型化、概括性的事实，继而需要阐述法律规定，最后将案件的事实做构成要件事实方面的切割，先得出单元事实分别符合构成要件的要求，最终得出被告人的行为符合法律规定的构成要件，构成起诉书指控的罪名。

（二）量刑情节要分析到位

对被告人的犯罪情节，从主观恶性、造成的危害后果、是否存在自首立功、认罪态度等多个方面进行详细认定并阐释理由，在此基础上得出较为科学的量刑建议。

（三）法治教育要到位

法治教育是当前公诉意见书中的一项常规内容，一般的逻辑是分析被告人的犯罪成因和特点，继而对社会一般人起到警示作用。关于这方面的要求，前文已有涉及，后文还将详析，在此不作赘述。

同时需要注意的是，公诉意见书毕竟只是公诉主张的高度概括，不可能事事完整、面面俱到，无论是从辩论的有效性还是从诉讼经济的角度考量，在讲究到位的同时，还需要考虑适度的原则。从程序功能看，公诉意见书只是启动法庭辩论的引子，在双方的争议点尚未充分显现的情况下，过多的驳斥就会显得漫无目的、过于唐突，也不符合一般的辩论规律。另外，从辩论技巧看，即便公诉人事前已经准确预测到辩论的焦点内容，在正式的辩论尚未展开之际，作为控方不可能在第一轮意见中将己方的意见和盘托出，有些观点做到引而不发是有必要的。因此，公诉人在制作公诉意见书时，要清楚其中的各个内容的作用以及重要性，从而决定哪些内容需要充分阐述，哪些内容需要有所控制，语言需要说到什么程度，并从最有利于辩论的角度，整理出相对合理的思路并做合理安排。

四、繁简相宜

对于公诉意见书的制作而言，繁简相宜是一条相当重要的原则。落实到实际操作层面，就是要做到繁简有别、繁简得当。

（一）繁简有别

公诉意见书中，哪些地方应当阐述得充分一些，哪些内容应当简化一点，这要根据案件的具体情况以及诉讼情况具体分析。具体来说：一是视有无争议，做到繁简有别。从具体内容来说，哪些该简化、哪些该强化需要根据不同的案情特点而论。多数案件，被告人、辩护人对起诉书指控的罪名并不持有异议，那么公诉人就无须为了论证被告人构成犯罪花费过多精力，只需要做程式化的表述即可。即便在对于起诉书罪名有异议的场合，辩方的理由也不尽相同，有的是对法律适用有争议，有的是对证据的确实充分性有不同的意见。在对法律适用有争议的场合，也极少见到辩方对于各个构成要件都持异议的情况，其异议一定是集中到其中的一个或少数焦点问题上。在对证据确实充分性有意见的情况下，辩方也不可能对于案件的每份证据的客观性、合法性、关联性都有意见，要么对整体证据的充分性，或者是对个别证据的合法性，抑或是对部分证据的关联性上有不同的意见。故而，公诉人在制作公诉意见书的时候，应当基于对辩护观点的充分了解以及对案情的完全掌握，做到无争议的部分简化，有争议的内容尽量强化。二是视有无可以挖掘的资源，做到繁简有别。公诉意见书中的文字不是空洞的说教，也绝不是无源之水。虽然多数案件，公诉人可以从不同的角度去挖掘有利于丰富公诉意见书的事实和法律方面的资源，这些资源在经过筛选和甄别之后，其中的内容可以作为公诉意见书的主体内容，从而使公诉意见书的内容更为丰富，也更有说服力和亲和力。但是在司法现实中，确实存在巧妇难为无米之炊的现象，不排除有些案件确实缺乏可以挖掘的线索和资源以用作公诉人制作公诉意见书的资料。比如，盗窃、故意伤害、容留吸毒等常见的轻微犯罪，被告人对案件事实认定、定性以及量刑建议都不持异议，对于其犯罪原因以及法治教育也缺乏有别于其他案件的特点，在这种情况下，要求公诉人制作出有别于一般的公诉意见书是很困难的，而且也没有必要。三是视诉讼效率，做到繁简有别。公平与效率是诉讼的双重价值，两者的矛盾也是诉讼中需要着力解决的问题，在公正得到基本保障的前提下，诉讼应当讲究效率。公诉意见书的制作也应当遵循这方面的要求。在案情简单、被告人认罪的轻罪案件中，大篇幅地发表公诉意见书确实没有必要。目前，全国人大常委会已授权最高人民法院、最高人民检察院对轻微刑事案件开展速裁程序试点工作，这些宣告刑在一年以下、被告人认可检察机关的定罪和量刑建议、已经得到被害人谅解的案件的办理过程中，检察机关已经在审查起诉阶段就定罪、量刑与被告人做充分沟通，并且就被告人的社会危害性做调查报告，这些案件起诉到法院之后，其审理程序会相当简单，在开庭过程中，公诉人只需要简单地宣读起诉书、发表量刑建议即可，案件开庭时间一般控制在五至十分钟之内，在这种情况下，公诉人再去发表过于复杂的公诉意见书是完全没有必要的。

（二）繁简得当

在公诉意见书的制作上，繁简是有相对性的。繁并不等于繁缛；简也不意味着简略。这里需要注意以下几个问题：第一，公诉意见书的篇幅要适当。公诉意见书的长度跟案件的复杂程度直接关联。最为简单的案件（比如速裁程序案件），公诉意见书只需要表述量刑建议即可，文字很少，但即便是最为复杂的案件，其公诉意见书的长度也应当大体控制在5000字以内较为适宜。从经验判断，一般3000字左右的公诉意见书，不仅比较符合听觉习惯，同时能够将所要表达的内容阐述清楚。第二，"繁"指的是充实，不是烦琐，不是面面俱到。当案件的争议焦点已经明了的情况下，公诉意见书应当紧扣争议点，用最直接的文字将观点阐释清楚，不需要过多展开。实践中，文字展开的程度以听众通晓为必要，当使用层层递进的方式表达一种观点时，表达到大家能够理解的程度时应当及时停止，在此基础上再多的文字都是多余的。比如，在论证被告人的行为构成盗窃罪的情况下，只需要将被告人行为的秘密性以及其取得财物系违背了被害人意志这两点阐述清楚即为到位，而对于什么是秘密性、什么是违背了被害人的意志则完全属于公众通晓的范畴，不需要更多的文字加以所谓更进一步的阐述。在进行法治宣传时，可能一起案件中可以挖掘的点很多，但是值得注意的是，其中能够体现本案特点的线索和素材才是最宝贵的，也是值得重点阐述的部分，其他的不具有个性的内容，往往是公诉人不说，社会公众也能明白，如果追求所谓的面面俱到，反而会冲淡公诉意见的主题。第三，"简"指的是简化，不是简略。公诉意见书中的许多内容是格式化的内容，但是这些内容却构成了公诉意见书的重要部分，比如，第一部分讲明公诉人出庭支持公诉的法律依据以及承担的职责，虽然是格式化内容，但其重要性决定了这部分内容绝不能省略，只是不要求公诉人再去做额外的发挥而已。同时，公诉人在论证被告人构成犯罪时，可能辩护方对起诉书指控的事实和罪名并不持异议，此时公诉意见书应当用最简单的文字做最恰当的证据分析和法律适用方面的说明。

五、突出个案特点

长期以来，实务操作中对公诉意见书的制作并未提出更加精细的要求，也没有形成对公诉意见书进行考核评比的机制，公诉意见书制作的质量也并不纳入案件质量评价体系，加上案头工作繁重、有些公诉人自身要求不高等原因，他们会习惯性地套用公诉意见书的模板，将大多数的公诉意见书写成了千篇一律的八股文章，通过公诉意见书很难看出个案之间的差异。而实际上，世界千变万化，个案特点各不相同，即便是相同罪名的案件，可能证据状况不同、影响定罪的关键点不同，不同案件的犯罪动机、目的、犯罪手段、犯罪对象、犯罪后果，都会对公诉意见书的制作提供个性化的素材，关键的问题是公诉人能否本着细致审慎的态度去对待公诉意见书的制作，能否更加深入地挖掘有价值的线索和细节。

（一）从法理层面分析，突出个案特点

从法理层面上看，根据个案情况各异，公诉意见书的重点应当有所不同，有的着重于证据分析，有的着重于法理论证，有的着重于法庭教育。对于辩护人和被告人从法律适用方面开展无罪或者罪轻辩护的，公诉意见书应着重于法理并引用相关法条和司法解释，结合案件事实阐述被告人构成起诉书指控犯罪的理由；对于辩方从证据不足的角度开展无罪辩护的，公诉意见书应将重点放在证据的有效性以及证据与证据之间关联性的角度进行认真分析，进而得出案件事实清楚、证据确实充分的结论；对于辩方对量刑情节有争议做罪轻辩护的，公诉意见书应当重点围绕被告人的量刑情节结合法律进行论证，得出是否采信辩方主张的意见。

（二）从伦理层面分析，突出个案特点

从伦理层面上看，根据被告人犯罪原因、犯罪的社会危害性、可以汲取的教训、社会对犯罪行为的感受等方面的不同，公诉人应当有针对性地深挖案件的个性特点，通过缜密的思考，结合社会一般观念对各个犯罪行为进行剖析，并通过个案表达正义价值观，使被告人听了服气、被害人听了认可、旁听人员听了受启发。比如，同样是故意杀人案，有的是蓄谋已久、有的是临时起意；有的是邻里纠纷、有的是感情纠葛；有的手段残忍、有的后果极其严重；有的前科累累、有的系偶然为之；有的动机卑劣，有的受精神刺激等，不一而足。对这些不同的个案，公诉人在发表公诉意见时应当紧扣案件特点，有针对性地发表对法庭教育有价值的意见，而不能生搬硬套，不做个体分析地照搬法条。在有些故意杀人案件中，虽然不能查清被告人的犯罪动机，但公诉人仍然可以实事求是地向社会表达自身的疑惑，并从法律和道义上对被告人进行谴责。比如，南京市检察院曾经审查起诉的一起灭门案，被告人将自己师傅一家三口杀害，但被告人直到法庭开庭审理时始终不供述自己的作案动机。于是公诉人在发表公诉意见时，客观地表明由于被告人始终不做供述并且相关的知情人员都已不在人世，对被告人的犯罪动机无法进行判断，但对被告人的行为表示了强烈愤慨的态度。该公诉意见书写道："由于被告人始终拒不供述自己的犯罪动机,并且可能知情人员均被被告人所害,公安机关和检察机关尽了最大的努力试图还原事情的真相,但由于缺乏证据支撑,无法得出确切的结论,但被告人故意杀害被害人一家三口的事实,通过刚才的法庭调查已经昭然若揭,在杀害其师傅夫妻之后,居然连一位三岁大的孩子都不放过,被告人作案手段极其残忍,后果极其严重,行为极其卑劣,为法理不容、天理不容,依法应当受到严惩"。

六、注重被告人主体地位

刑事案件庭审围绕被告人是否需要被追究刑事责任、应当追究怎样的刑事责任展开,不管是法庭讯问、质证、辩论还是最后陈述都以被告人为中心,所以公诉人在发表公诉意见时应当以被告人为主体,而勿论所发表的意见是从惩处的角度还是基于教育的考虑。公诉意见书在论证被告人构成起诉书所指控之罪时,应当围绕被告人所实施的行为并结合犯罪构成要件的对应性展开;公诉意见书在提出量刑意见时,所涉及的自首、立功、坦白、未遂、中止、退赃等情节都必须紧密结合被告人的犯罪行为以及事后表现进行;公诉意见书在开展法庭教育时,也应当根据被告人成长经历、思想行动轨迹分析诱导其犯罪的原因,即便在诱发被告人犯罪原因中存在社会管理缺失方面的因素,最终的落脚点也应当落在被告人主动为恶的自身内因。另外,尽管被告人处于被审地位,但是其具有与常人平等的人格,在发表公诉意见时,公诉人可以从情感上对被告人进行谴责,可以从法律上对被告人的行为进行负面评价,但是从程序上的客观公正立场,公诉人应当体现对被告人人格的充分尊重,而不应当发表轻视、损毁被告人人格的意见。

七、事理、情理、法理的有机结合

公诉意见书并不只是起诉书的补充和发挥,它还是公诉人在法庭上惩处犯罪、宣扬正义的演讲词。站在前者的立场,公诉意见书应当重视法理分析,站在演讲词的角度,公诉人应当关注案件中所投射出的情理。而不管是情理、法理,其前提条件是事理要清楚。因此,在发表公诉意见时,应当做到事理、法理、情理有机结合。

(一)事理

这里所说的事理是由证据到事实的推导逻辑,这方面的逻辑首先应当尊重刑事诉讼的证据规则,同时要根据一般社会观念和认知能力进行符合常人思维逻辑的判断。在由证据到事实的推演过程中,证据规则固然重要,但不要忘了证据规则必然要符合一般常人的逻辑思维,否则将会导致证据到事实之间的偏差乃至荒谬。另外,基于我国目前并没有完整的、成体系的证据法则,在大多数情况下,需要司法人员对案件的证据和事实做事理方面的判断,继而得出整案证据能够排除合理怀疑的结论。在司法实践中,经常会遇到犯罪嫌疑人、被告人提出一些明显不合常理的辩解。比如,被告人被现场查获一公斤毒品,其辩解该毒品是用来自己吸食而不是用于贩卖,从而想获得非法持有毒品罪而不是贩卖毒品罪的认定;在诈骗犯罪中,被告人在身负巨额债务的情况下,向多人骗取大量借款用于赌博,辩解其主观上没有占有的目的,等等。这些事项上的证明,在被告人不作有罪供述的情况下,没有现实可循的证据规则得出被告人的行为构成犯罪的结论,而必须依据常人思维进行判断。就此而言,公诉人需要做的是归纳案件的证据,根据一般常人的认知和思维逻辑,得出起诉所认定的事实,使得法官、旁听人员能够接受和信服。事理显然并不只是在认定事实时起作用,法律上的认定同样要运用事理,最典型的是因果关系的认定,判断被告人的行为与危害后果之间是否有刑法上的因果联系,在许多情况下,要运用到一般常人的逻辑判断。如果在一般的社会观念里,行为与结果之间的引起与被引起关系是符合事物发展的一般规律,则因果关系可能成立;否则,因果关系不成立。比如,被告人与被害人之间因为经济纠纷发生争吵,双方发生轻微肢体冲突,在此过程中,被害人由于心脏病发作,突然倒地死亡。经法医鉴定:被害人的死亡系由于与他人发生争吵导致情绪激动,诱发心脏病死亡。在这种情况下,在已经排除犯罪嫌疑人主观上明知被害人有严重心脏病仍然对其推搡的主观过错的条件下,根据一般社会观念,不能得出犯罪嫌疑人的行为与被害人死亡之间具有刑法上的因果联系。

(二) 法理

法理相对事理更为专业,主要解决的是被告人定罪量刑的法理依据,包括刑法学总则、具体犯罪构成要件理论、法律条文、相关司法解释以及刑事司法政策,其中许多内容会构成控辩双方在法庭辩论中的焦点,也是法官在对案件定性处罚时要重点考虑的方面。公诉意见书在阐述法理时,应当注意以下几点:一是法理要有针对性。一起案件可能涉及的法律很多,知识点很广,但并不是所有的知识点都可能构成案件的争议点。因此,公诉意见书在阐述法理的时候,不能漫无目的、面面俱到,要重点围绕案件争议点进行有针对性的论证。比如,一起入户盗窃转化抢劫的案件,其主要争议问题在于被告人的行为是否构成入户抢劫,更深层次的是作案地点能否理解为刑法上的"户"。所以,公诉人在发表公诉意见时,就应当从户的"与外界隔离"以及"供家庭生活"这两个特点,并结合案件的具体情况展开,而不需要过多论证被告人取得财物符合"两个当场"的特征。二是要将基础概念解释清楚。公诉意见书作为法庭辩论的开端,公诉人事前一般能够预测到辩护人的主要辩护观点,当双方争议焦点涉及基础法理概念时,公诉人应当尽可能地在发表公诉意见时将这些概念解释清楚,以便在后来的辩论中占据先机。比如,一起受贿案件,在法庭调查时,当公诉人出示被告人利用职务之便为行贿人谋利的证据时,辩护人一再发表质证意见认为,被告人为行贿人谋利在前,收受财物在后,两者之间不具有关联性。公诉人据此应当预测到这一点将是辩护人在法庭辩论时的主要观点之一。而受贿案件中,行为人的谋利事项与收受财物之间的时间顺序并不影响犯罪的认定,这属于受贿罪认定中的基础知识,公诉人有必要在公诉意见书中解释清楚,以免就此问题再做过多的争论,如该案的公诉意见书中写道:"本案呈现的事实特征是,被告人利用职务之便为行贿人谋取利益在先,收受贿赂在后,两者之间建立联系的是行贿人的证言,其之所以送钱给被告人,主要是感谢他提供的帮助,并且还希望他今后继续支持。在受贿罪的认定中,只需要被告人利用职务之便为他人谋利,收受了财物即可,而至于哪个行为在前,哪个在后,并不影响受贿罪的认定,这也是刑事司法的共识。"这样即便辩护人在辩护意见中再发表这样的意见,其说服力会大打折扣。三是法理阐述应当把握分寸。与阐述事理、情理不同,公诉意见书中的法理阐述需要掌握技巧,把握分寸。公诉人应当根据自己对辩护观点的预测,从辩论的角度对所要发表的意见进行合理的规划布局,考虑从哪方面进行立论,从哪方面进行反驳;第一轮讲哪些内容,第二轮发表怎样的意见;哪些辩点一轮答辩即可解决,哪些需要第二轮甚至第三轮辩论,等等。基于上述考虑,公诉人在公诉意见书中应当把握尺度,科学布局,必须考虑哪些内容需做充分阐述,哪些内容只是为后续的辩论做铺垫,哪些观点应当直抒己见,哪些意见应当引而不发。四是阐述法理一定要准确。案件所适用的法理是对被告人定罪的关键所在,务求准确,否则一旦被辩护人抓住漏洞,可能导致法庭辩论极其被动。比如,一起将骗借定性为诈骗罪的案件,公诉人在阐述被告人的主观故意时,不能说被告人主观上对不能归还借款持放任态度,因为,在目的犯的构成要件中,行为人的主观方面只能是直接故意;明明被告人实施了隐瞒真相的行为,公诉人不能将其说成是虚构了事实。阐述法理时,公诉人对确有把握的意见,可以把话说满,不留余地;而对于尚未形成定论或把握不准的意见,可以不说，留给辩护人说后再行反驳。

（三）情理

一直以来有一种观念认为法不容情。而作为有长时间法律工作阅历的人来说，对法与情之间的关系有着更直观的感受。笔者认为，在司法过程中，普遍地不考虑情理、单纯从法理规则到法律结论的做法是不符合实际情况的，实践中也是不可能的。司法工作人员在每做出一项司法结论之前，都会以法律人和社会人的双重身份对案件的处理是否能够得到法律和社会的双重认同进行双重考量，并且会在两者之间不断地进行平衡甚至展开情感上的博弈，以选取一种既符合法律规则，又能被社会一般观念所接受的结果。所以，不管是站在法律制定还是法律适用的角度，都会体现法与情的结合，公诉人在发表公诉意见时，应当并且有条件地做到法理和情理的互通、融合。

中国是讲究人情的国度，公民的法治意识不强，人们更多地依赖自己的好恶对一件事情进行价值上的评判，这种评判包括对案件本身的评判，也包括对被告人的评判，还包括对司法机关的司法结论和价值观的评判。所以，公诉人在发表公诉意见时，应当做到将法理与情理很好的结合，真正做到引人入胜，打动人心，从而使司法得到社会的广泛认同，使更多的社会公众能够通过案件汲取经验和教训，从而实现司法效果的最大化。比如，在张某宝醉酒驾车致重大伤亡案的公诉意见书中就有这样的话："这些死者是无辜的，他们在死亡之前可能还来不及作出任何反应，他们可能还沉浸在对未来生活的憧憬当中，他们甚至不知道夺走他们生命的凶手是谁。在高速撞击之下，这些可怜的生命显得如此脆弱，他们可能还面带笑容的时候就被终止了生命。其中的康某某、郑某夫妇，他们即将为人父、为人母，就在他们满怀期待地等候小生命降临人间的时候，可恶的车轮将他们美好的梦撞击得粉碎，连同他们的生命，连同腹中的胎儿，连同长辈们对孙子、外孙的期盼。如今，这个家庭只剩下四位老人，陷入膝下无儿无女的悲惨境地。而这幕惨剧的制造者就是今天在法庭上接受审判的被告人张某宝。""本案所造成的惨烈后果，使见者、闻者无不为之动容。我们今天在这里所评价的五死四伤的结果仅仅是本案呈现给我们的直观、物质性的后果，而本案所留下的伤痛还会长久地存留在死者的家属心中，失去亲人的痛苦将使得这些无辜的人们陷入长久的精神煎熬中。从 2009 年 6 月 30 日案发，到今天的法庭审判，历时近 5 个月的时间，无论是被告人、被害人、被害人亲属还是社会公众，他们都怀着不同的心情等待着该案的最终裁决。很快，法院就会对本案依法作出公正的处理，而随着时间的流逝，这个案件也会逐渐淡出许多人的记忆。

在这里，公诉人只是想对社会发出这样的呼吁：生命是宝贵的，我们每个人都有责任善待生命。当你们手握方向盘的时候，请你们的内心多一份责任、多一份良知、多一份对生命的尊重。当你们在酒桌上觥筹交错的时候，请你们相互告诫一声，饮酒莫开车，开车莫饮酒，让我们的公众多一份安全感，让我们的社会多一份和谐"。当公诉人读完这段文字后，现场旁听人员都深受感染，流下了眼泪，这段话也感动了被害人近亲属，由此公诉人与他们之间形成了很好的共情关系，为后续的矛盾化解工作打下了很好的基础。

第三节 突出公诉意见书中的法治教育

在依法治国的主题下，刑事司法的一个重要目标是帮助社会公众树立法律信仰、确立法治思维。在个案的办理中，要想使这方面的办案效果更为凸显，则有必要增强公诉意见书的法治教育和宣传功能。长期以来，受制于认识上的误区以及重视程度的影响，公诉意见书的法治教育和宣传功能未能得到充分发挥，不仅导致公诉意见书的功能萎缩，也影响了办案效果。故而，立足于司法的长远目标，有必要强化公诉意见书在这方面的作用。

一、公诉意见书中法治教育的作用

犯罪是一种恶害。对有些传统犯罪而言，其所表现出的恶害能够被社会公众直观感受到，而对于有些犯罪，社会公众对其恶害方面的感受不会那么直观，因而也无法对此类行为形成道德上的谴责，并自觉摒弃类似的行为方式。公诉人通过发表公诉意见的方式对这类行为做法律、道德方面的双重价值观方面的评价，使社会一般公众能够理解司法的意义和价值，从而有利于社会公众树立良好的法治观念和法律信仰。

（一）教育犯罪人改过自新，促使其他人引以为戒

这便是刑罚的特殊预防和一般预防的结合，也是开展法治教育和宣传的最直接的作用。一起刑事案件走到开庭审判程序，案件事实已经查清，在多数情况下，被告人对自己所犯罪行以及将要承受的法律后果已经知悉。在这个阶段对其犯罪行为做较为完整的法律、社会层面上的分析，可以促使其对自己的行为有更加全面的认识，在其真诚悔悟的前提下，可以促使其改过自新。更为重要的是，对个案的惩处可以借助社会舆论、媒体的广而告之对社会一般人形成示范效应，起到以儆效尤的作用。同时，公诉意见书还可以向社会表明个案中所展示的价值观和正义观，并表达检察机关的评判立场，帮

助社会树立正确的认识,有助于公民法治观念的养成,继而更有利于良好道德风尚的树立。

(二)提醒社会对某类现象引起重视,促进社会管理完善

犯罪行为的发生,主要源于犯罪人的主观价值观偏移导致其行为失范。但从实证的角度分析,客观上也存在诱发犯罪的客观因素,这些因素与犯罪人自身潜在的危险性相互作用,可以造就犯罪行为发生,更有甚者能引起某类犯罪的高发。这里所说的客观原因很复杂,有的是社会价值观的整体偏移,有的是社会政策层面的影响,还有的是社会管理的疏漏。这方面的案例很多,从大的方面看,在国有企业改制过程中,由于缺乏制度规范,出现了大量在改制过程中隐匿国有资产转为本人持股后的公司所有的贪污行为;在将教育、医疗行业推向市场化的同时,大量的行受贿犯罪通过新的形式涌现出来。在小的方面,某区域大范围的征地拆迁,一定会因为追逐获取超额补偿款而出现滥用职权、诈骗、贪污、受贿等犯罪。更小的方面,一家企业在财物管理上的不严格,有可能会导致有人借制度漏洞进行谋利,从而引发职务侵占、挪用资金等犯罪。另外,当某种类型化的犯罪行为成为较为普遍态势时,其本身也形成了一种社会现象。从犯罪防控的角度看,上述种种现象,需要通过司法实践去总结、提炼,才能引起社会的关注,从而促使相关职能部门制定更完善的制度、采取更有力措施去遏制犯罪发展的态势,防范犯罪行为的发生。

(三)与社会形成情感共鸣,强化司法的公众认同

本书一个基础的立论观点便是司法需要得到公众认同。有鉴于此,公诉人在刑事诉讼过程中,不仅要在司法结论做出之前以社会一般人的观念对社会公众的认同感进行考量,还需要通过一切与诉讼活动相关的活动,以适当的形式强化社会公众对司法的认可程度。在刑事诉讼中,法庭公开审理活动是最便于司法与外界沟通的场合,公诉人在此场合中可以通过发表公诉意见与社会公众形成交流,将检察机关对于案件的认识、正确的价值取向以及正当的正义理念传递给社会公众,以便社会公众能够通过个案的直观认识感受到每个案件所投射出的公平正义。

二、公诉意见书中法治教育的着力点

开展法治教育的方式很多,有的从犯罪原因展开,借此教育社会公众不要沿袭被告人的思维和行为方式行事;有的从犯罪行为的社会危害性展开,

以帮助社会公众对此类行为的危害有正确的判断；有的从自我防范的角度展开，教育公众加强防范意识，帮助公众增强识别能力，最大限度地遏制犯罪行为得逞。

现实中所有的刑事案件对于社会都有警示和教育意义，但从法治教育的角度看，不同案件在以下几点是有所区别的，也是公诉人在制作公诉意见书时需要充分考虑的。第一，不同罪行的案件，社会公众的感受不一样，因而其主观上对司法结论的接受程度也不一样。比如，以行政犯和传统犯为区分，社会对杀人、盗窃、强奸、抢劫等传统型犯罪，主观的谴责程度更深，道义上不能容忍的程度更大；而对于走私、非法经营、侵犯知识产权等行政犯而言，由于这类犯罪对社会道德、伦理等方面的侵犯表现不突出，其社会危害性并不与社会公众个体利益息息相关，因而公众对其并不表现出特别强烈的反感。所以，在对不同类型的犯罪开展法治教育时，侧重点应有所不同。对于传统犯罪，公诉人可以人性为基础，围绕案件社会危害性等特点展开剖析，让社会公众普遍感受到犯罪行为的恶害，并自觉规范自身的行为。对于行政犯，公诉人则应当尽可能地阐明法律对此类行为规定为犯罪的依据，从深层次挖掘该类行为的社会危害性，使得社会公众知悉国家将这类行为规定为犯罪的理由和出发点，从中受到警示并在日常生活中回避此类行为。第二，即便是同类型的案件，由于不同的犯罪诱因、不同的犯罪情景等，导致社会公众对个案表达出不同的感情。比如，同样是盗窃罪，传统意义的盗窃与许霆案中的盗窃方式，人们对两者的看法自然不同。对前者，社会公众自然会给予更多、更强烈的谴责；而对后者，社会公众的反感程度要小得多，甚至当司法对后者的评价超出了公众的一般心理时，公众的反感会转向司法机关，并对被告人表达同情。所以，公诉人在对待这些案件时，要根据社会一般观念去判断被告人的行为可能获取的社会评价，而不能不加区分地一体对待。比如，在对待与许霆案相类似的案件时，公诉人除了要做定性方面的详细论证之外，还必须考虑社会普遍的价值观念和道德水准，在发表公诉意见时，不宜表达过分的道义谴责，而要客观地指出银行在管理方面的缺失，并提醒社会公众注意此类行为的刑事违法性，告诫大家在遇到类似诱惑时谨慎处理，切忌为贪一时之利而落入刑事法网。第三，即便是危害程度相似的同类型案件，由于案件特点不同，其法治教育的角度以及内容的丰富程度也不尽相同。比如，同样是故意杀人案件，有的体现在动机的卑劣性，有的体现在手段的残忍性，有的体现在后果的严重性；有的特点比较单一，有的内容比较丰富。对于特点较为丰富的案件，公诉意见书应当进行多角度分析，丰富法治教育的内容。以邱某某故意杀人案为例。被告人邱某某因为怀疑其女儿不是其亲生，遂与其妻何某某到寺庙抽签求卦，并留宿寺内。在此期间，与寺内管理人员宋某某发生争执，且邱某某怀疑寺内主持熊某某有调戏其妻何某某的行为，遂产生杀人灭寺之恶念。2006年7月14日深夜，被告人邱某某等寺内管理人员和香客熟睡后，持事先准备的弯刀到各寝室，依次向管理人员熊某某、宋某某以及香客吴某某、熊某甲等十人头部各砍数刀。随后，被告人邱某某又找来斧头，再次向每人头部砍击，致十人全部死亡。而后，被告人邱某某又将熊某某的眼球、心、肺、脚筋剜出，并将心肺烹炒。

这起案件当年在全国引起轰动，其特点除了犯罪手段极其残忍、危害后果极其严重之外，对被告人的犯罪原因、犯罪动机也值得作深度剖析。因此，公诉人在公诉意见书中除了对被告人的犯罪特点进行剖析之外，还从被告人的犯罪原因入手，向社会公众传达了崇尚科学、理性克制的思维和行事方式。公诉意见书先分析了被告人的犯罪成因：迷信使被告人邱某某走火入魔。公诉意见书中这样写道："为了能生下儿子，邱某某曾于20世纪90年代中期，携妻子到寺庙求仙许愿，因怀疑自己的两个女儿非自己亲生，邱某某又再次带上妻子到寺庙抽签，试图问个明白。为了改变家庭的贫困对其产生的压力，邱某某相信通过擅自移动殿上的石碑就可以化解。当其行为被宋某某制止后，邱某某又由此与宋某某发生冲突并产生仇恨。这一切足以表明封建迷信思想已长期在邱某某头脑中占了上风。"继而，公诉意见书劝诫社会公众遇事时要自我克制，理性行事，写道："被告人邱某某因琐事心存积怨杀人，是能够自制而不愿自制所造成的恶果，其行为充分说明'自制'对做人来说是极端重要的。愤怒始于愚蠢，终于懊悔，自制是人类一切美德之本，是用理智的头脑驱除邪恶的念头，如果人人都能自制，我们的社会就宁静得多。如果一个人不能遏制冲动的怒火，他不仅会失去道德上的自由，而且会给社会造成种种不良的后果，甚至闯下大祸，以致无法收拾。在这里，我们奉劝那些遇事缺乏自制或不愿自制的人，一定要冷静思量自己的行为会给家庭、社会带来什么样的后果，通过思考冷静决策自己的行为，这样才能在生活海洋上远航，未来的社会才能安定、和谐。"

三、公诉意见书中法治教育的基本要求

（一）讲究亲和力

公诉意见书的法治教育和教育的对象是社会一般公众，他们对法律并没

有过多的理性认识，对案件的评判也只是基于普通的价值观。因而公诉意见书不能脱离他们的认知逻辑、思维习惯以及价值标准，否则难以起到法治教育的效果。如前文所述，社会公众对不同犯罪的内心排斥程度不同，其主观评判标准也不尽相同。即便对相同罪名的案件，犯罪人的不同身份、不同的犯罪动机也会对社会公众的主观评判产生影响，极端情况下会形成大相径庭的结论。所以，公诉人在对案件做社会和法律价值评价过程中，应当基于对案件精细解读的前提下，充分考虑社会公众的感受，切忌简单地不做区别地进行类型化分析。首先，要以社会一般观念分析社会公众对案件的感受和价值判断。公诉人在办案过程中，应当对案件做法律和社会两方面的评判，而在对案件进行社会评价时，应当坚持社会一般观念，这样做体现了两方面的益处：一是能够保证案件的法律结论符合法的基本精神。正如张明楷教授在《从生活中发现法》一文中主张：只有心中充满正义，目光不断地往返于刑法规范与生活事实之间，才能发现刑法的真实含义。公诉人在对案件做法律评价之前，开展社会价值层面上的评判，会使司法更加契合法的精神。二是能够使社会公众更为认同司法结论和观点。其次，文字要朴实，要用老百姓听得懂的语言表达思想，善于将复杂的法律术语转化为社会语言，以增强公诉意见书的亲和力。

（二）强调说服力

公诉意见书的法治教育和宣传旨在对社会公众的行为方式做有效的指引，故而必须有很强的说服力。首先，论证的依据必须客观实在。公诉意见书在分析被告人的犯罪原因，评价其社会危害性时，一定要符合案件实际情况，不能脱离案件事实和证据。在分析犯罪原因时，要从众多的因素中找准关键因素，不可不分主次面面俱到或者文不对题；在评析犯罪行为的社会危害性时，一方面要做到公正实在，不可夸大其词，另一方面要深度挖掘全面分析，既有物质上的衡量，又有精神层面的评价，既有法理分析，又有情感宣扬，既能让被告人信服，又能让被害方认同。其次，所提的意见应当入情合理。公诉意见书无论是在分析问题还是在方向指引上都应当符合常情、常理，切不可讲空话、套话。在分析被告人犯罪原因时不要动辄上升到"放松世界观改造"；在做法治宣传时，不要站在道德顶层对社会公众提出过高要求。尽可能地结合案件说一些符合实际、贴近公众心理的话。

（三）突出感染力

判断一份公诉意见书是否具有感染力的关键标准是考察其是否能够触动

受众的情感,是否能与受众形成情感上的互动。于被告人而言,公诉意见书应当触及被告人的心灵深处,触动其不愿触碰或尚未意识到的认识和情感,促使被告人认识到其行为的恶害;于被害人(亲属)而言,公诉意见书应当尽可能在情感层面上说出他们的心声和诉求,以弥补他们不能直接参与诉讼发表意见的心理落差;于社会公众而言,公诉意见书应当引导他们做更深层次的理性分析,帮助他们对案件形成法律和道德层面上的双重认识,继而使他们形成认识上的趋同和情感上的共鸣,帮助社会公众树立法治观念和对法律权威的信仰。

要突出公诉意见书的感染力,不仅文字内容本身要讲究,还要注重语言表达方式,这构成形式和实质两个方面。从实质要件看,公诉意见书中的法治教育应当找准情感点,公诉人要善于从众多的情感线索中找出能够与案件的特点最为契合、最能打动人的情感点,通过合理的语言文字向社会传递,从而引起社会公众的注意及思考。从形式要件看,要求公诉人对这些思路和想法进行合理包装,用语言文字的形式呈现到社会公众面前,否则再好的思路和想法最终只能归于平庸。这里要突出以下两点:一是文笔要犀利。无论是分析被告人的犯罪原因,还是揭露被告人行为的社会危害性都要直截了当,用最直接的语言表达意思。该谴责的就应当谴责,该同情的要大胆表达同情,切不可千回百转、含沙射影。二是文风要感人。不可能奢求每份公诉意见书都能使旁听人员唏嘘不已,眼含热泪,毕竟不是所有的案件都具备这样的条件,而且这也并非法治教育之绝对必要。从法治教育的效果考察,公诉意见书的文字要能够进入社会公众的心里,对公众内心有所触动,使他们能够感受到司法的真诚,从而对司法形成自然的内心亲切感。

第四章　公诉意见书实例评析

第一节　定性之争

公诉意见书的核心功能是证实被告人的犯罪行为，分析犯罪行为的性质、后果和对社会的危害，阐明为什么追究被告人的刑事责任。那么，对于在庭前就案件定性存在争议的情况，不论是罪与非罪之辩，还是此罪与彼罪之辩，都需要公诉人通过公诉意见的发表进行全面论证。公诉人需要基于证据确实充分的前提，紧紧围绕犯罪构成要件，从法律与法理层面分析被告人的行为构成起诉书所指控的罪名，提出相应的法律依据。这也是对于存在定性之争的案件制作公诉意见书的核心要求。

一、罪与非罪

案例：杨某某等假冒注册商标案

（一）基本案情

被告人杨某某、田某某系夫妻，均下岗在家，为给儿子筹集结婚费用，杨某某想到利用其给他人打工时掌握的加工制作硒鼓的技术，后二人自2012年上半年以来在位于南京市建邺区福园17号5幢101室的住处内，未经商标所有权人许可，假冒惠普注册商标、佳能注册商标加工硒鼓并销售，2012年8月30日被公安机关查获，现场扣押假冒注册商标的硒鼓345件，非法经营数额计人民币24110元。后二被告人又在位于南京市江宁区东善桥吉山铁矿善田新村81号的住处内以上述同样方法加工硒鼓并销售，至2013年1月23日被公安机关查获，现场扣押假冒注册商标的硒鼓319件，非法经营数额计人民币21207元。

（二）案件争议的焦点问题

本案能否构成假冒注册商标罪。

（三）公诉意见书

公诉意见书

被告人：杨某某、田某某
案由：假冒注册商标
起诉书号：江宁检诉刑诉〔2013〕580号
审判长、人民陪审员：
根据《中华人民共和国刑事诉讼法》第一百八十四条、第一百九十三条、第一百九十八条和第二百零三条的规定，我们受×区人民检察院的指派，代表本院，以国家公诉人的身份，出席法庭支持公诉，并对刑事诉讼活动依法进行监督。下面公诉人结合本案的证据发表如下公诉意见，供法庭参考：

一、被告人杨某某、田某某的行为已构成假冒注册商标罪

1. 关于事实和证据

通过刚才法庭调查，公诉人围绕起诉书所指控的犯罪事实，依法讯问了二被告人，出示了二被告人在侦查阶段的供述和辩解，二被告人均对起诉书指控的犯罪事实不持异议；出示了证人杨某甜和刘某的证言、出库单、商标注册证、搜查笔录及扣押物品清单等书证、惠普公司和佳能公司出具的鉴定证明，上述证据均系公安机关依法收集取得，来源合法、客观真实，且经过当庭质证，均具有证明效力，且所有证据能够相互印证，形成证据锁链，足以支持本院起诉书指控的犯罪事实，二被告人假冒惠普注册商标、佳能注册商标加工硒鼓并销售，非法经营数额共计人民币45317元。

2. 关于案件定性

假冒注册商标行为是否同时构成生产、销售伪劣产品罪，需要根据个案情况进行分析认定。如果假冒注册商标的商品同时属于伪劣产品，则一行为触犯二罪名，分别构成假冒注册商标罪和生产、销售伪劣产品罪，具体定罪量刑时则适用竞合犯"择一重罪处罚"的原则，也就是说，如果假冒注册商标的商品不能认定为伪劣产品，则不能以生产、销售伪劣产品罪论处，只能以假冒注册商标罪论处。具体到本案，对二被告人行为正确定性，首先必须判断其生产和销售的产品是否属于伪劣产品。二被告人利用回收的惠普和佳能的旧硒鼓上原有的商品标识，对旧硒鼓进行充灌墨粉，使其具有硒鼓的一般使用性能，可以正常使用，也没有证据证明硒鼓质量不合格，不属于"掺杂、掺假""以假充真""以次充好"等情形。故对二被告人的行为应认定为假冒注册商标罪。

二、被告人杨某某、田某某应承担的刑事责任

1. 被告人杨某某、田某某构成假冒注册商标罪，情节严重，根据《中华人民共和国刑法》第二百一十三条的规定，依法应当判处三年以下有期徒刑或拘役，并处或单处罚金。

2. 被告人杨某某、田某某共同实施假冒注册商标的行为，根据《中华人民共和国刑法》第二十五条第一款的规定，构成共同犯罪。其中，被告人杨某某负责联系客户、谈价格、购买材料、送货、加工硒鼓；被告人田某某清洗旧硒鼓、充灌墨粉，二人有分工并均对犯罪行为完成起到直接作用，违法所得用于二人共同生活开支，不宜区分主从犯，但可认定田某某在共同犯罪中所起作用相对较小，可酌情从轻处罚。

3. 被告人杨某某、田某某认罪悔罪态度较好，可酌情从轻处罚。

4. 请合议庭对被告人杨某某、田某某定罪量刑时，结合本案性质、情节、社会危害性综合考虑，建议对被告人杨某某判处有期徒刑六个月至一年并处罚金，对田某某判处有期徒刑六个月至一年并处罚金。

三、通过本案应吸取的教训

本案中，二被告人均是下岗工人，家庭经济困难，迫于生活压力，出门给他人打工。应该说，这种积极劳动谋生的行为很值得赞誉。然而，古语有云，君子爱财取之有道。二被告人大肆收购惠普等知名品牌硒鼓，采用私自灌装墨粉后仍以原品牌硒鼓高价销售，谋取暴利。

归案后，被告人没有认识到自己行为的违法性和社会危害性，甚至为自己叫屈，认为自己一没偷二没抢，而是靠双手挣钱吃饭，怎么就犯了罪还要受到刑罚惩罚？这也正体现了我国公民知识产权法律保护意识的淡薄，受传统经济条件及价值观念的影响，民众对杀人、放火等刑事犯罪嫉恶如仇，却无视对知识产权无形财产的保护，因盗版、假冒产品的低廉价格而趋之若鹜，不论是制假者还是购假者并未意识到自己的行为已经侵犯他人的知识产权，损害了权利人的利益。对此，公诉人想说：用最小的投入换取最大的利润是生产经营的普遍法则，原本无可厚非。但这种法则一旦被扭曲，就会走向另一个极端，而扭曲的表现之一，就是没有自我创新、全盘抄袭的"拿来主义"。用别人花大量精力、时间、资金和技术投入才创出的名牌，以旧充新，不费吹灰之力谋取利润，假冒注册商标就成了所谓致富捷径。

当今，知识产权的研发和保护对经济及至整个社会发展起着举足轻重的作用。商标权作为知识产权的重要组成部分，是识别商品的来源并承载商标所有人商业信誉的重要标志，其延伸作用是对产品质量的监督及对消费者购买的引导。通俗地讲，信誉好的品牌是商品质量的保障，也常常是左右消费者选择的优先因素。知名商标本身就是一种巨大的无形资产。也因此，法律禁止他人未经商标注册人许可，在同一种商品上使用与其注册商标相同的商标，其目的既是为了避免商品来源的混淆，保证商品或服务质量，更是为了制止他人非法利用或损害商标权人的声誉去谋取不正当利益。假冒他人注册商标，不仅侵犯了商标权人的合法权益，更严重破坏了市场经济秩序，影响经济健康发展和科技创新法治环境。如前所述，本案二被告人的行为已经触犯刑法，构成假冒注册商标罪，他们将为自己的犯罪行为付出代价，而这种代价则是金钱所无法赎买的，不仅如此，他们的行为还将使他们的家人蒙受经济和精神的双重打击。希望本案被告人及其家属以及旁听席上的各位通过本案能够吸取足够的教训，在今后的人生道路上学法、知法、遵法、守法。

另外，公诉人认为，本案也暴露了当前市场监督机制不够健全，假冒商标、假冒专利等不法分子有机可乘，且查处难度较大，这些都应当引起我们的警醒，大力加强知识产权法制宣传教育，提高广大民众和企业的保护意识和防范意识，促进民众自觉抵制使用、消费假冒产品，同时加大市场监督检查力度，防止假冒伪劣商品进入流通领域并最终流向消费者。

公诉人意见发表完毕，请合议庭充分考虑并予以采纳，谢谢！

公诉人：陈×

2013年8月12日当庭发表

（四）分析点评

该案在事实和证据方面并无争议，事实清楚，证据确实、充分。但是在案件定性方面存在一定的争议。该篇公诉意见的第一部分，采用了从叙述事实、证据到分析案件定性的写法，先明确案件事实与证据，进而在此基础上阐述案件定性，这样的写法逻辑非常清楚。

在案件定性分析过程中，公诉人的论证思路是：考虑本案可能涉及的罪名有假冒注册商标罪和生产、销售伪劣产品罪，于是直入主题，指出"假冒注册商标行为是否同时构成生产、销售伪劣产品罪，需要根据个案情况进行分析认定。"并进而展开具体的分析，"如果假冒注册商标的商品同时属于伪劣产品，则一行为触犯二罪名，分别构成假冒注册商标罪和生产、销售伪劣产品罪,具体定罪量刑时则适用竞合犯'择一重罪处罚'的原则,也就是说,如果假冒注册商标的商品不能认定为伪劣产品,则不能以生产、销售伪劣产品罪论处,只能以假冒注册商标罪论处。"之后,又结合案件事实进行进一步论证,"具体到本案,对二被告人行为正确定性,首先必须判断其生产和销售的产品是否属于伪劣产品。二被告人利用回收的惠普和佳能的旧硒鼓上原有的商品标识,对旧硒鼓进行充灌墨粉,使其具有硒鼓的一般使用性能,可以正常使用,也没有证据证明硒鼓质量不合格,不属于'掺杂、掺假''以假充真''以次充好'等情形。故对二被告人的行为应认定为假冒注册商标罪。"分析的理由既有法理,又有法律。但这样的写法是否合适与恰当?笔者认为,假冒注册商标罪与生产、销售伪劣产品罪的竞合关系,即本案是一罪还是两罪,应是定性分析中的第二层次而不是第一层次问题,即在定性分析中,公诉人首先需要论证被告人的行为与假冒注册商标罪与生产、销售伪劣产品罪的构成要件符合性问题,被告人的行为是否符合刑法中关于假冒注册商标罪与生产、销售伪劣产品罪的相关规定。其次,公诉人需要进一步论证两罪之间的关系,法律是如何规定的,本案的客观事实与两罪认定之间的逻辑关系又是什么?据此能够得出什么样的规定?最后,公诉人需要得出论证的结论,作出最为恰当的判断。所以,该篇公诉意见跨越第一层次,直接进入第二层次,这样的论证过程显得特别突兀,公诉人的定罪逻辑是因为不构成销售伪劣产品罪,所以构成假冒注册商标罪。而旁听观众还未了解法律关于两个罪名的基础规定,就需要作出是否是竞合关系的判断,思维跳跃性过大,无法作出最恰当的判断。相反,如果先叙述刑法中关于假冒注册商标罪的犯罪构成要件,然后再对法条间的竞合关系进一步阐述,层层引导旁听群众接受相关法律知识,条理才会更加清楚。可见,定性分析需要进行法理分析,而法理分析的层次是层层推进,从基础入手,用"剥春笋"的方法,这样的论证才能既显逻辑,又有力度。

案例:王某侵犯商业秘密案

(一)基本案情

2011年4月至2011年11月间,被告人王某在泰克曼(南京)电子有限公司(以下简称泰克曼公司)工业设计部任职期间,违反该公司关于保守商业秘密的规定,采取私自登录他人电脑拷贝信息等手段,获取泰克曼公司的检测工艺流程、操作规范等技术资料;并盗取包含泰克曼公司核心技术的过滤器电路板等,上述技术经鉴定:均系不为公众所知悉。且上述资料和技术能为泰克曼公司带来经济利益,具有实用性并被采取了保密措施。2011年10月,被告人王某以生产泰克曼公司同类产品为目的,在江苏丹阳与他人合资成立科瑞光学电子有限公司,王某以该技术作价50万元入股。

(二) 案件争议的焦点问题

被告人的行为是否构成侵犯商业秘密罪。

(三) 公诉意见书

公诉意见书

被告人:王某

案由:侵犯商业秘密

起诉书号:浦检诉刑诉〔2012〕480号

审判长、审判员(人民陪审员):

根据《中华人民共和国刑事诉讼法》第一百八十四条、第一百九十三条、第一百九十八条和第二百零三条的规定,我受浦口区人民检察院的指派,以国家公诉人的身份,出席法庭支持公诉,并依法对刑事诉讼实行法律监督。现就本案发表如下公诉意见,请合议庭注意:

一、王某的行为构成侵犯商业秘密罪

首先,根据刑法第二百一十九条第三款的规定:商业秘密是指不为公众所知悉,能为权利人带来经济利益,具有实用性并经权利人采取保密措施的技术信息和经营信息。

一方面,北京国科知识产权司法鉴定中心出具的司法鉴定意见书及证人证言相互印证,能够证实:王某窃取的技术资料不为公众所知悉,并能为权利人带来经济利益。

另一方面,泰克曼公司与员工签订保密协议;对员工进行保密培训的笔记复印件;向员工支付保密费的单据等相互印证,足以推翻王某当庭提出的:泰克曼公司未采取保密措施的辩解。证实泰克曼公司采取了适当的保密措施。

综上,泰克曼公司被侵犯的技术信息符合刑法规定的"商业秘密"。

其次,电子证据检查笔录、王某曾有的供述、多名证人证言均证实王某未经同意,私自登录谢某某的电脑,通过QQ传输的方式将本案涉及的技术资料传送至自己的电脑,并用移动存储设备拷贝。王某本人的供述证实:拷贝上述资料的目的是为"自己生产与泰克曼公司的同类产品做准备。"上述证据足以证实：王某通过不正当手段获取他人的商业秘密。

最后，科瑞公司工商登记资料、协议书、股东姜某某等人的证言及被告人王某的供述相互印证，能够证实：王某以非法获得的泰克曼的技术入股，享有50%的股份，该公司登记的注册资本为100万元，而王某享有的50%的股份即为50万元的股权，股权属于财产性权利，其与实际的财产对于拥有人王某来说具有相同的价值。因此，可以视为王某基于其投入的"技术"获得了50万元的利益。根据最高检、公安部《关于公安机关管辖的刑事案件立案追诉标准的规定（二）》第七十三条第（二）项的规定：因侵犯商业秘密违法所得数额在50万元以上的，应当立案追诉。

综上，被告人王某以其他不正当手段获取泰克曼公司的商业秘密，并从中获利50万元，其行为构成侵犯商业秘密罪。

二、相关量刑情节及量刑建议

被告人王某犯侵犯商业秘密罪，应当处三年以下有期徒刑或者拘役，并处或者单处罚金。王某至庭审时仍然未能交出包含其窃取的商业秘密的移动存储设备，使得被害人的商业秘密处于随时被暴露的风险之中，被害人的权益未能得到有效修复，可以酌情对王某从重处罚，被告人王某当庭未能认罪、悔罪，具有相当的社会危害性和人身危险性，希望法庭在量刑时予以充分考虑。综上，建议对被告人王某判处有期徒刑二年至三年，并处罚金。

三、本案引发的思考

本案是一起侵犯知识产权的新型案件，在国家大力推行"科技九条"、建设创新型国家的大环境下，在保护知识产权的呼吁之声不绝于耳之时，本案的发生为我们高新技术开发区的众多高新技术企业敲响了警钟，不少企业对知识产权的保护仅仅停留在对专利、商标价值的片面认识上，对企业所拥有的商业秘密的价值没有引起足够的重视，本案中泰克曼公司被侵犯的生产技术是在长期的生产经营中摸索出的许多技术上的诀窍，这些诀窍是企业重要的无形资产，是企业形成和保持竞争优势的重要手段，对企业在市场竞争中的生存和发展起着重要作用。正如上所言，泰克曼虽然也采取了一定的保密措施，但是一方面，员工的保密意识仍然不够，如员工谢某某在离开自己的办公桌时未能及时对自己的电脑采取保密措施，才使得王某有机可乘；另一方面虽然制定了严密的保密措施，但是在实际执行过程中不够严格，如公司明确禁止非工人工作人员进入厂区，但是被告人王某作为设计部人员仍然先后两次未经允许到厂区来，虽然遭到了训斥，但是公司仍然未能采取更加严格的管理方案以防止此类事件的再次发生，最终酿成大祸。因此，我们在谴责犯罪者的同时，企业也应当反思自己，泰克曼公司作为一个在行业内世界排名靠前的高新技术企业，是否将自己的企业文化发展和员工素养的培养也放到一定的高度，以匹配企业的经济发展。

一个企业的生死存亡关系到数百名员工的切身利益，更关系到地区经济秩序的稳定和发展，因此，我们呼吁要像"保护自己的眼睛"一样保护自己的知识产权，也只有拥有权利的人才能采取最有效的方式保护自己的权利，不要等到权利被侵犯后再追悔莫及。

本案的发生更让我们痛心的是被告人王某，他利用了自己工作了近5年的公司对自己的信任，采取了窃取他人商业秘密的方式，试图为自己接下来的创业"铺路"，结果却铺上了一条犯罪的不归路。

作为一个年轻人，王某不甘现状、勇于拼搏，试图通过自己的双手实现创业的梦想值得肯定；而作为一个有技术、有头脑的创业者，王某没能像其他人一样披肝沥胆、奋力拼搏，却试图通过窃取他人的劳动成果为自己的创业铺路，令人惋惜；同时，作为一个公司的员工，王某很清楚公司的技术是投入了大量的人力、物力、精力换来的，失去了这些技术整个公司都将有可能破产，但王某却在贪欲的支配下伸出了罪恶之手，令人心寒。直至今日，被告人王某已经站在被告席上接受法庭的审判，却仍然未能认识到自己行为的错误，在电子证据检查笔录如此确凿的证据之下，仍然否认自己持有存有商业秘密的移动存储设备，并拒绝交出，使得价值巨大的商业秘密随时面临被泄露的风险，这样的行为让我们痛心，我们担心泰克曼公司可能面临的风险，更让我们忧虑的是王某仍然未能从这一次的犯罪中吸取教训，还在奢望出狱后能够继续使用他人的技术成果，从而再一次跌入犯罪的泥潭。

通过今天的庭审，公诉人希望被告人王某能够认识到"从来没有人可以不劳而获"这一条颠扑不破的真理，从此真心悔悟，靠自己的双手实现自己的梦想。

审判长、审判员，公诉人遵照以事实为根据、以法律为准绳发表的上述公诉意见，请合议庭在评议时，根据被告人的犯罪事实、性质、情节和社会危害程度，依法作出公正的判决。下面公诉人将听取被告人及其辩护人的意见，并予以答辩。审判长，公诉意见发表完毕。

公诉人：李×
2013年3月20日当庭发表

（四）分析点评

本案的争议焦点是被告人的行为是否构成侵犯商业秘密罪，面对公诉人的指控，被告人当庭一直坚称自己没有拿走技术信息，没有实际生产出产品，也没有准备使用相关公司的技术，不构成侵犯商业秘密罪。

根据侵犯商业秘密罪的构成要件分析，该罪的行为特征表现为行为人侵犯商业秘密权利人的商业秘密，给其造成了重大损失。具体包括三个方面的要件：一是行为的对象是商业秘密；二是行为的内容是侵犯商业秘密权利人的商业秘密；三是该行为给商业秘密权利人造成重大损失。公诉意见围绕这三个要件进行了阐述，结构完整，层次清晰。

但本案系知识产权类犯罪案件，专业性强，从论述的逻辑结构所能体现的公诉指控主张角度出发，与一般案件相比，要求应更高。从这一角度看，该篇公诉意见则未达到较为理想的阐明效果。第一，在阐明"商业秘密"这一技术信息主体时，公诉意见首先列明了商业秘密的概念，而后需要通过证据与事实来论述本案的技术信息符合刑法规定，公诉意见认为"一方面，北京国科知识产权司法鉴定中心出具的司法鉴定意见书及证人证言相互印证，能够证实：王某窃取的技术资料不为公众所知悉，并能为权利人带来经济利益"。而从此段论述来看，从列举证据到证实的结论，中间没有任何论证过程，直接得到结论，逻辑层次缺失，就不可能让旁听人员与审判人员信服，而从逻辑结构上看，应先从"北京国科知识产权司法鉴定中心出具的司法鉴定意见书及证人证言"中证实相应的案件事实，而这些案件事实经过逻辑分析，再符合商业秘密的特征"不为公众所知悉，并能为权利人带来经济利益"。在对另一方面的论述过程中，公诉意见认为，"泰克曼公司与员工签订保密协议；对员工进行保密培训的笔记复印件；向员工支付保密费的单据等相互印证，足以推翻王某当庭提出的：泰克曼公司未采取保密措施的辩解。证实泰克曼公司采取了适当的保密措施。"这段论述仍然存在逻辑层次过于跳跃的问题，签订保密协议、保密培训笔记、支付保密费单据，这些被告人是否知晓，是通过什么途径知晓，公司是否针对被告人也有过类似培训，即公司采取适当保密措施与被告人所知晓之间的关系没有论述，使得在论证的逻辑层次上不够紧密。在其后的另外两个要件的论述过程中，该篇公诉意见均存在同样的不足。第二，公诉意见的内容一般包括定性分析、量刑建议与法制宣传等多个方面，但在整篇结构层次的安排上应视庭审情况，做到重点突出。对于被告人认罪的案件，定性分析可以简明扼要，重点放在法制宣传，但对于被告人不认罪，定性争议焦点较为突出的案件，则应将主要笔墨放在定性分析上,才能强化指控主张。该案显然属于后一种,这就更需要公诉人在发表公诉意见时条分缕析,入法入理,但遗憾的是,该篇公诉意见在谋篇布局上,法制宣传上占了主要篇幅,反而大大削弱了公诉指控的力度。

二、此罪与彼罪

案例:韩某非法吸收公众存款案

(一)基本案情

被告人韩某自2008年开始,以投资理财、资金周转等为名,以高息为诱饵,通过口口相传,向庄某某、邓某、孙某等22名被害人借款共计53840700元。被告人韩某将上述钱款用于自己消费及以借新还旧的方式支付被害人利息及本金。截至案发,被告人韩某已支付被害人利息和本金18098100元,仍有人民币35128700元不能归还。

经被害人报案,2012年7月2日,韩某在南京市鼓楼区幕府东路被公安机关抓获。

(二)案件争议的焦点问题

本案的定性存在争议:是认定为非法吸收公众存款罪还是集资诈骗罪?

(三)公诉意见书

公诉意见书

被告人:韩某

案由:非法吸收公众存款

起诉号:鼓检诉刑诉〔2013〕169号

审判长、人民陪审员:

根据《中华人民共和国刑事诉讼法》第一百八十四条、第一百九十三条、第二百零三条的规定,我们受×区人民检察院的指派,代表本院,以国家公诉人的身份,出席法庭支持公诉,并依法对刑事诉讼实行法律监督。现对本案证据和案件情况发表如下意见,请法庭注意:

一、本案犯罪事实清楚，证据确实、充分

在法庭调查过程中，公诉人依法讯问了被告人韩某，并围绕本案的事实出示了被害人陈述以及书证等，上述供述、证言、书证来源合法、具有客观性、关联性并相互印证，且经法庭质证，足以证明被告人韩某构成非法吸收公众存款罪。

所谓非法吸收公众存款罪是指非法吸收公众存款或者变相吸收公众存款，扰乱金融秩序的犯罪。根据1998年国务院发布的《非法金融机构和非法金融业务活动取缔办法》规定，所谓非法吸收公众存款，是指未经中国人民银行批准，向社会不特定对象吸收资金，出具凭证，承诺在一定期限内还本付息，严重扰乱金融秩序的行为。

本案被告人韩某的行为完全符合非法吸收公众存款罪所要求的客观行为特征。

特征一：未经有关部门依法批准吸收公众存款。吸收公众存款，国家实行许可制度，只有经过人民银行、银监会审批，才能面向社会公众吸收存款，除此以外任何单位或个人都不得行使这项权利。而被告人韩某未经批准，罔顾国法，擅自向社会公众吸收资金，以高额回报为诱饵，其违法性显而易见。

特征二：通过口口相传等方式向社会公开宣传。韩某通过同事和朋友向其他人介绍自己所谓的投资业务，吸引其他人到被告人处投资。

特征三：承诺在一定期限内给付高额利息和回报。韩某承诺支付被害人2%—5%的固定高额月息作为回报。

特征四：向社会不特定对象吸收资金。韩某通过朋友和同事介绍，向其他人吸收资金，其并无门槛设置，其吸金的对象是不特定的人。

综上，被告人韩某以高息为诱饵，大量吸收资金进行货币经营，其行为侵犯了金融储蓄的管理秩序、侵犯了金融信贷秩序，且非法吸收资金数额巨大，造成了极其严重的经济、社会负面影响。被告人韩某的行为构成非法吸收公众存款罪，应当严惩不贷。

二、关于本案被告人韩某定罪意见及法定、酌定量刑意见

公诉人认为，被告人韩某变相吸收公众存款，扰乱金融秩序，数额巨大，其行为触犯了《中华人民共和国刑法》第一百七十六条第一款的规定，犯罪事实清楚，证据确实、充分，应当以非法吸收公众存款罪追究其刑事责任。

根据《最高人民法院关于审理非法集资刑事案件具体应用法律若干问

题的解释》，非法吸收公众存款 20 万元以上或者造成损失 10 万元以上的即可追究刑事责任，而非法吸收公众存款 100 万元以上或者造成损失 50 万元以上的即属于数额巨大或者有其他严重情节。本案被告人韩某犯罪金额达 5384.07 万元，造成损失 3512.87 万元，属数额巨大，应在三年以上十年以下之间量刑。被告人韩某系初犯，自愿认罪，可酌情从轻处罚。被告人韩某案发后仍有数千万元的被害人损失未偿还，应酌定从重处罚。综合以上量刑情节，建议对被告人韩某判处有期徒刑五年至八年。

三、本案的社会危害性和应当吸取的教训

被告人韩某的行为，严重破坏了金融管理秩序。被告人在未经金融监管部门许可的情况下，开展非法吸收公众存款活动，以高回报为诱饵，吸收大量社会资金，减少了银行储源，加大国家宏观调控难度，影响金融市场的健康发展；其任意提高市场利率，破坏国家制定的利率统一，造成不正当竞争，影响币值稳定，破坏金融秩序，具有极大的社会危害性，所以必须受到法律的处罚。在这里，我们同样希望通过本案向大家揭示非法吸收公众存款行为与普通民间借贷之间的区别。法律所禁止的是未经批准而从事像金融机构那样从事资本、货币经营的行为，例如本案中韩某所实施的非法吸收公众存款的行为，而并非禁止个人或单位民间借贷。非法吸收公众存款犯罪行为是作为一项金融业务定位的，对于公司、企业或个人之间为解决生活困难或开展生产经营活动，而发生的民间融资行为，即使未经批准可能会涉及违反有关的金融行政法规，但只要不是从事资本、货币经营，就不会侵犯到非法吸收公众存款罪的保护法益，因而也不会受到刑法的处罚。

被告人韩某的行为，严重侵害了人民群众的利益。非法吸收公众存款存在着高利率、高风险和缺乏有效约束和监管机制等特点，具有极大的欺骗性和财产损失风险。本案中，参与韩某非法吸收存款的被害人遭受了严重的经济损失，许多人把一辈子的积蓄交给被告人投资，甚至把房子抵押后交给韩某投资，结果是血本无归，有的人面临居无定所的状况，其行为已数次引发群体性信访事件，影响社会稳定。我们在案件办理的过程中，也遇到本案中有些被害人向我们提出这样的疑问：这是正常的委托理财，你们司法机关为何要刑事处理？正规委托理财是一种双方信托关系，在性质上有别于吸收存款行为。如果受委托理财主体对客户存在还本付息、保底收益的承诺与协议，就失去了委托理财的本来含义，变成了非法吸收公众资金的行为。本案被告人韩某就是打着"委托理财""中介理财"的旗号，变相非法吸收公众存款，对其行为应当予以刑事追究。

害人终害己。被告人韩某,你作为江苏演艺集团的一个老同志,有着稳定的工作和收入,给人的印象也是沉稳老实,正因为如此,同事和朋友才相信你,陆续将辛辛苦苦赚来的钱交给你进行所谓的"理财投资",但你却辜负了同事和朋友的信任,玩着"货币经营"的游戏,将钱用于还本付息、拆东墙补西墙,最终导致竹篮打水一场空,投资人深受其害,你也被送上被告席接受法律的制裁。

作为公诉人,我还想对本案的受害人以及包括庭下旁听的群众说:我们都面临着投资渠道狭窄的现状,我们不能被手段新颖、花样翻新的"集资理财"所迷惑,不能被高额利息所诱惑。我们需要特别注意分清什么是合法民间借贷,什么是合法委托理财,什么是非法吸收公众存款,我们需要明辨合法和非法的界限,强化投资风险意识,防止"馅饼"变陷阱。

审判长,公诉意见发表完毕。

公诉人:费××
2013年10月29日当庭发表

(四)分析点评

本案是涉众型案件,犯罪数额巨大,社会影响面较大。被告人韩某非法向他人吸收存款高达 5000 余万元,尚有 3000 余万元不能归还,致本案 20 余名被害人遭受严重的经济损失。许多人把一辈子的积蓄交给被告人投资,甚至把房子抵押后将钱交给被告人韩某投资,结果是血本无归,更有甚者面临居无定所的状况,因此该案是否能够妥善处理关系着社会平安稳定。在审查起诉环节,被害人多次上访,认为案件性质是集资诈骗,要求严惩被告人。公诉机关经审查并经补充侦查,最终认定案件应以非法吸收公众存款罪认定,并将案件起诉至法院。那么,如何在法庭上做好释法说理与社会矛盾化解工作,公诉意见的发表尤为重要。

认定被告人的行为是构成非法吸收公众存款罪还是集资诈骗罪,关键是厘清被告人主观上是否具有非法占有的目的。根据 2010 年 12 月 13 日《最高人民法院关于审理非法集资刑事案件具体应用法律若干问题的解释》规定,有七种情形可以推定被告人主观上具有非法占有的目的。本案中,被告人虽供述有将集资款用于消费、购买房产、归还被害人的本金和利息的行为,但结合本案查明的证据情况,除被告人供述外,无其他证据能够证明其供述的真实性,故认定被告人主观上具有"非法占有目的"的相关证据不充分,不能以集资诈骗予以认定。在公诉意见的第一部分,公诉人结合刑法、金融法规的相关规定，从非法吸收公众存款罪的四个特征出发，阐明了被告人的行为侵犯了金融管理的相关秩序，大量非法吸收资金且数额巨大，应当构成非法吸收公众存款罪。论证直截了当，条理清晰。但在具体叙述过程中，有两个地方需要进一步明确：一是非法吸收公众存款的性质是属于直接认定为"非法吸收公众存款"还是"变相吸收公众存款"。前者是指行为人违反国家法律、法规的规定在社会上以存款的形式公开吸收公众资金的行为，后者则是指行为人不以存款的名义而是通过其他形式吸收公众资金，从而达到吸收公众存款的目的的行为。在该篇公诉意见的第一部分，公诉人阐述的四个特征，所得出的结论可直接认定为"非法吸收公众存款"，但在第二部分的开头，公诉意见则表述为"公诉人认为，被告人韩某变相吸收公众存款，扰乱金融秩序，数额巨大"。即公诉人认定被告人韩某系"变相吸收公众存款"。所以，出现了不同表述的矛盾之处。而在公诉意见的第三部分，公诉意见的法庭教育环节，公诉人才点明了"委托理财"型的变相非法吸收公众存款犯罪的特征，这个论述的"战线"就拉得太长，不利于清晰地释法说理。所以，如果在第一部分先分析被告人的行为符合非法吸收公众存款罪的四个特征与构成要件，其次指出法律所规定的变相非法吸收公众存款的情形，再对照被告人的行为展开分析，并点明委托理财型的非法吸收资金犯罪的本质特征，这样，对于该案的定性分析就会更加完整与明晰。此外，第一部分的定性分析还需明确的第二个问题就是被告人非法占有目的的认定问题，考虑到旁听的观众中主要是被害人群体，而被害人庭前的主要诉求中有要求以"集资诈骗罪"追究被告人的愿望，所以在公诉意见中，对这一问题公诉人必须再次明确，再次向参与庭审的被害人释法说理。

该案是涉众型案件，涉及的被害群众众多，所以利用庭审环节进行法制教育，必须重点突出，说理到位。该篇公诉意见从被告人的行为对于金融秩序的危害、群众利益的损害、本人的教训三个方面进行了分析，但如果能够深入分析犯罪原因、揭示社会现象，引导被害人分清合法集资与犯罪行为的本质区别，庭审教育的效果会更为到位。因为公诉人的职责要求在"惩恶"的同时还需要"扬善"，即在法律层面，公诉人提示了什么是恶，但同时还需要向社会传达善良的道德观与正义观，包括什么是正确的处事方式。在该篇公诉意见的尾部，公诉人特别提醒了旁听群众"要特别注意分清什么是合法的民间借贷，什么是合法委托理财"，但对于什么才是合法的民间借贷与委托理财，公诉人戛然而止，却未能再进一步解释，使得个案宣传教育的效果不足。

案例：邢某某以危险方法危害公共安全案

（一）基本案情

2013年6月2日，被告人邢某某在南京市栖霞区复地御钟山工地施工时被砸伤，造成右脚拇指粉碎性骨折，多次向所属工地要求赔偿而未解决，遂产生寻求社会和相关部门关注的想法。6月25日晚，被告人邢某某和被告人刘某、王某在工地宿舍内商量，刘某提出以携带汽油到地铁站扬言放火自焚的方式引起乘客与警察关注，帮助解决被告人邢某某工伤纠纷问题，邢某某和王某均表示认可。

2013年6月26日9时左右，王某从工地宿舍旁的绿化工棚内，拿出一桶装满汽油的汽油桶（高约50厘米、宽约20厘米、长约39厘米）交给邢某某，并帮邢某某拦下出租车，刘某将该桶汽油搬上出租车后排座位。当日9时30分左右，邢某某携带汽油桶从地铁2号线马群站2号口进入地铁站通道，准备实施扬言放火时，被民警查获，随身查获打火机、遗书、赔偿清单等物。刘某、王某在邢某某乘出租车离开后不久，步行至地铁2号线马群站内，向民警询问被告人邢某某情况时，被带至警务室，后如实交代了上述犯罪事实。

经鉴定，被告人邢某某携带的汽油桶内的液体检出汽油成分。

（二）案件争议的焦点问题

该案构成以危险方法危害公共安全罪还是放火罪？

（三）公诉意见书

公诉意见书

被告人：邢某某、刘某、王某
案由：以危险方法危害公共安全
起诉书号：雨检诉刑诉（2013）162号
审判长、人民陪审员：

根据《中华人民共和国刑事诉讼法》第一百八十四条、第一百九十三条、第一百九十八条和第二百零三条的规定，我们受×区人民检察院的指派，代表本院，以国家公诉人的身份，出席法庭支持公诉，并依法对刑事诉讼实行法律监督。现对本案证据和案件情况发表如下意见,请法庭注意。

一、被告人邢某某、刘某、王某的行为构成以危险方法危害公共安全罪,犯罪事实清楚,证据确实充分

在刚刚结束的法庭调查中,针对本院指控的被告人邢某某、刘某、王某涉嫌以危险方法危害公共安全的犯罪事实,公诉人依法讯问了被告人邢某某、刘某、王某,出示、宣读了三被告人的供述和辩解,出示、宣读了大量相关证人证言,出示了相关书证、鉴定意见、现场勘验检查笔录、辨认笔录、监控录像等客观性证据。这些证据,经过当庭举证和质证,不仅证明了这些证据的合法性、客观性、关联性,而且证明了这些证据之间能够相互印证,形成了确实充分并且排除合理怀疑的证据体系,充分证明本院起诉书指控被告人邢某某、刘某、王某犯以危险方法危害公共安全罪的事实清楚,证据确实充分。

第一,在案证据充分证明三被告人主观上对携带汽油到地铁站扬言自焚可能造成的公共危险是有充分认知的。被告人的供述及相关证人证言均证实:由于邢某某工伤问题迟迟未得到解决,刘某提出"效仿厦门陈水总案件,到地铁站放火,把事情闹大",邢某某和王某表示赞同。当日王某从工棚里找来约40升的一整桶汽油并搬上出租车,邢某某带着整桶汽油、打火机、遗书、赔偿清单等物到达地铁站站厅层,并口头表示"我不想活了"。三被告人主观上对于汽油的性质有明确认知,对于携带大量汽油到地铁站的危险性也是有明确认知的,其主观上仍然持放任的犯罪故意。

第二,在案证据充分证明三被告人的行为客观上已严重危害了不特定多数人的生命、财产安全以及公共交通运营安全。本案的发生时间是工作日的上午9时许,案发地点是人流十分密集、空间相对密闭、公共安全保障较为脆弱的地铁站厅层,邢某某携带的是大量具有易燃易爆性质的汽油及打火机、遗书等。众所周知,汽油一旦泼洒或者引燃,很可能发生燃烧、爆炸等不堪设想的严重后果,这种后果是行为人以及其他任何人都几乎无法预料和控制的,地铁站内的不特定多数人的生命、财产安全以及地铁公共安全已经处于严重的现实危险中。

第三,以现实危险性为构罪标准,严厉打击通过绑架公共安全实现个人利益的行为。根据刑法对于危害公共安全罪的定义,我们知道危害公共安全罪的保护法益,是不特定或者多数人的生命、身体的安全以及公众生活的平稳与安宁。该罪构成要件的基本内容表现为,实施了危害不特定多数人的生命、健康或者公众生活的平稳与安宁的行为,并造成了相应的危险或侵害结果。但犯罪的成立，不要求发生危害公共安全的侵害后果，即造成相应危险使公共安全面临紧迫的危害，即可定罪。因此，本案被告人的行为已经构成了以危险方法危害公共安全罪。

二、关于被告人邢某某、刘某、王某的量刑意见

为了准确地对被告人邢某某、刘某、王某定罪量刑，根据我国刑事法律和刑事政策，结合本案事实，公诉人对三被告人应当承担的法律责任提出如下意见：

三被告人的行为构成以危险方法危害公共安全罪，法定刑为三年以上十年以下有期徒刑。其中，被告人王某、刘某主动投案后如实供述自己的罪行，根据《中华人民共和国刑法》第六十七条第一款的规定，系自首，依法可以从轻或者减轻处罚；被告人邢某某被抓获后如实供述自己的犯罪事实，根据《中华人民共和国刑法》第六十七条第三款的规定，系坦白，依法可以从轻处罚。考虑到三名被告人均系初犯、偶犯，归案后认罪态度较好，且此次犯罪是为了解决工伤纠纷而引发，没有造成实质上的损害后果，公诉人建议对邢某某处有期徒刑三年，可适用缓刑；对刘某、王某可以减轻处罚，建议均处有期徒刑二年至三年，可适用缓刑。

三、关于本案的思考

第一，三名被告人实施此次犯罪，应当深刻反省。被告人邢某某、刘某、王某，你们为了拿到合法合理的工伤赔偿，心情焦急、无奈，公诉人能够理解。但是汽油是易燃易爆物品、地铁站人流密集，你们为了达到自己的目的，不惜以威胁公共安全为代价，通过非法的手段来实现目的，这是法律所决不允许的。你们虽然误解政府相关部门没有及时帮你们解决问题，可是，试想一下，如果地铁站的人们知道有人要点燃一整桶汽油自焚，那会造成怎样的混乱，万一汽油泄漏、燃烧、爆炸，那会是怎样的严重后果。再者，本案的发生是因你们不懂法，维权的途径有很多种，你们可以通过劳动局、市长热线、法律援助中心甚至媒体来帮助解决问题。案发后，检察机关、公安机关和劳动局通力合作，帮助你们拿到了工伤赔偿款，这说明只要通过合法的途径，政府部门是一定会有效保障你们的权利的。公诉人希望你们能从此次犯罪中吸取教训，在打工之余能学习一些相关的法律知识，学会正确的维权方式，不要鲁莽行事。

第二，检察机关有义务向社会传达"绝不允许任何人为实现个人利益而绑架社会公共安全"和"妥善化解社会矛盾，积极为农民工解决问题"刑事检察理念。本案是近年来发生在南京地铁站内的第一起危害公共交通安全的案件,案发时间又处于亚青会即将召开的敏感时期。可以想象一下,如果整桶汽油被点燃,造成的将会是怎样可怕的后果。检察机关坚决维护每一位农民工的合法权益,城市建设也离不开农民工的努力和拼搏,但检察机关决不允许任何人为实现个人利益而绑架社会公共安全,决不允许任何人为了个人私利而触碰危害广大人民群众利益这根红线。维护南京地铁运营的安全和秩序、维护社会公共安全,是我们每一个公民不可推卸的责任。

第三,我们认为,任何公民都有实现自己正当权益的权利,只要行为方式合法合理,法律都会给予保护。但任何一项理由,都不能成为残害无辜,危害公众的借口,通过绑架公共安全实现个人利益的行为必须被严惩。对于邢某某等人及其类似行为,刑法理应出击,这也是刑事立法题中应有之义。

综上所述,起诉书认定本案被告人邢某某、刘某、王某的犯罪事实清楚,证据确实充分,依法应当认定被告人有罪,并建议对邢某某处有期徒刑三年,可适用缓刑;对刘某处有期徒刑二年至三年,可适用缓刑;对王某处有期徒刑二年至三年,可适用缓刑。

审判长、人民陪审员,公诉意见发表完毕。

公诉人:张××
2013年9月4日当庭发表

(四)分析点评

本案发生时间特殊,发生在南京即将举办亚青会前夕;本案发生地点特殊,发生在人流密集的地铁站内;本案发生原因特殊,被告人在面对自己的正当权益和要求长时间无法得到维护的情况下,迫不得已采取了极端的非法的处理方式。该案发生后,对三名被告人的行为是否构成犯罪、构成什么罪存在争议。有观点认为可以定放火罪,也有观点认为构成以危险方法危害公共安全罪。所以,庭审上的公诉意见对于释法说理非常重要。

公诉意见采用了传统写法,在第一部分定性部分,开宗明义,直接点明被告人的行为构成以危险方法危害公共安全罪,同时事实清楚、证据确实充分。从庭前争议的案件焦点看,讲事实、列证据、摆道理,必须三者有机结合,才能完成这一焦点问题的论述。公诉意见分三个方面进行了论证,从主观到客观,从客观到法益,形式上仍符合传统的论证模式。这样的写法最大的优点在于清晰、明了,符合犯罪构成要件的认定标准,也容易推断出正确的结论。在论证被告人主观上对携带汽油到地铁站扬言自焚可能造成的公共危险是有充分认识时,公诉意见直接列举三名被告人的供述,特别是被告人口头表示"我不想活了""到地铁站放火,把事情搞大",这些都是非常有力的证据,而这种写法非常直截了当,更能从被告人自身的认知情况出发,得出明确的结论。但在接下来的部分,对于客观行为与法益侵害的论证过程中,均存在内容与标题贴切程度不够的缺陷。在第二段中,开头标题为"在案证据充分证明三被告人的行为客观上已严重危害了不特定多数人的生命、财产安全以及公共交通运营安全。"但接下来的内容没有证据,只有事实。在第三段中,开头标题为"以现实危险性为构罪标准,严厉打击通过绑架公共安全实现个人利益的行为。"这样的说法比较突兀,现实危害性的构罪标准在认定犯罪中的意义在之前没有交代,所以普通听众很难理解。此外,之后的内容在说明本罪的法益,但与现实危险性的构罪标准的关系仍然没有交代清楚。此外,从第一部分的布局上看,第一小段已经完整地归纳了案件的证据体系,之后再出现"在案证据充分证明被告人主观故意与客观行为"等内容则比较累赘。

综上,公诉人无论采用何种论述模式,相关内容所对应的语言在表达上均应做到前后统一。如果三个层次小标题列为"本案三被告人实施了严重危害不特定多数人的生命、财产以及公共交通运营安全的行为"、"三被告人主观上具有可能造成危害公共安全的认识"、"三被告人的行为严重侵害了我国刑法所保护的法益",在此内容下,无论是说事实,还是说证据,或是说法律规定,都会比较通顺。

案例:严某某抢劫、敲诈勒索案

(一)基本案情

2011年10月30日,被告严某某与朱某某、王某、宋某某一起预谋对渣土车司机"撕划子",即以渣土车司机乱倒渣土为由向司机敲诈钱财。当晚,由被告人严某某负责将被害人郜某某驾驶的渣土车拦下,并带领到一偏僻地点倒土后离开现场。朱某某、王某和宋某某随后将被害人的车辆拦下,以被害人乱倒渣土及将他们的轿车撞坏为由,手持砍刀,对其进行恐吓、殴打,索要钱财。被害人郜某某在向其兄借款后交给朱某某、王某和宋某某4600元人民币,并被逼写欠条后得以离开。次日下午13时许,被害人郜某某为避免日后受到人身伤害和财产损失,在宋某某不断电话催促的情况下,又交给朱某某、王某和宋某某4400元人民币,拿回欠条。

2011年11月3日凌晨,被告人严某某与朱某某、王某、宋某某等人以相同方法，先由被告人严某某、宋某某先行诱骗驾驶农用车的被害人王某某、祁某某到一偏僻路段倒渣土，后朱某某、王某二人以被害人乱倒渣土为由，对两名被害人进行恐吓，并对其中一名被害人进行殴打，限制两名被害人的人身自由，向被害人索要钱财。两名被害人在被迫交出2100元人民币和一部OPPO手机后得以离开。经鉴定，被抢走的手机价值人民币1462元。

（二）案件争议的焦点问题

法律适用上存在争议：朱某某等人的行为是构成抢劫罪还是敲诈勒索罪？

（三）公诉意见书

公诉意见书

被告人：严某某

案由：抢劫、敲诈勒索

起诉书号：雨检诉刑诉〔2013〕112号

审判长、人民陪审员：

根据《中华人民共和国刑事诉讼法》第一百八十四条、第一百九十三条、第一百九十八条和第二百零三条的规定，我受×区人民检察院的指派，代表本院，以国家公诉人的身份出席法庭支持公诉，并依法对刑事诉讼实行法律监督。现对本案证据和案件情况发表如下意见，请法庭注意。

一、定罪方面：被告人严某某的行为构成抢劫罪、敲诈勒索罪

在刚才的法庭调查中，经过举证、质证，程序合法，被告人严某某虽拒不认罪，但有被害人郜某某、祁某某、王某某的陈述，证人朱某某、王某、宋某某、陈某兵、郜某海等人的证言，关于手机的鉴定结论、发还物品、文件清单、南京市雨花台区人民法院刑事判决书等书证，上述证据内容相互印证、没有矛盾，能够形成完善的证据锁链，已达到确实充分。

关于本案的定性，公诉人认为，被告人严某某的行为构成抢劫罪、敲诈勒索罪。

首先，2011年10月30日和11月3日凌晨，由被告人严某某诱骗被害人郜某某、王某某、祁某某，以倒渣土为由至案发地，由朱某某等人对其进行恐吓、殴打，索要钱款和手机的行为，构成抢劫罪。抢劫罪是以非法占有为目的，通过足以压制他人反抗的暴力、胁迫等手段，现场劫取财物的行为。本案中朱某某等多人在凌晨时分将被害人带至偏僻地点，对被害人实施持刀恐吓和殴打行为，暴力行为已达到足以压制被害人反抗的程度，且被害人陈述其是因害怕自己的人身受到伤害才被迫交付财物，对朱某某等人当场取得钱财的行为应当认定为抢劫。

其次，2011年10月30日凌晨，由被告人严某某诱骗至案发地，由朱某某等人对被害人邰某某进行恐吓、殴打，现场抢到现金后，又逼迫被害人邰某某写下欠条；下午，被害人邰某某为避免日后受到人身伤害和财产损失，又被迫交给朱某某等人4400元并拿回欠条。对后面取得钱款的行为，应当认定构成敲诈勒索罪。理由如下：

敲诈勒索罪与抢劫罪在犯罪构成要件上具有一定的相似性，二者都以非法占有为目的，不仅都可以使用威胁方法，而且都可能使用暴力方法。但行为人的主观动机并不是评判行为性质的根本标准，应该根据犯罪构成要件从主客观两方面来综合评价。敲诈勒索和抢劫主观方面都可以是意图非法占有他人财物，具有一定的相似性，在这种情况下，客观的行为方式和过程就决定了对犯罪行为的不同评价。敲诈勒索罪的暴力、胁迫只要足以使被害人产生恐惧心理即可。公诉人认为，被害人邰某某第二次交钱行为尽管与前面的抢劫行为有联系，但抢劫行为已经实施完毕，被害人也已经获得人身自由，其在被告人后续不断地电话催促、恐吓下，为避免日后受到人身伤害和财产损失，而被迫交付钱款的，因此可以认定为敲诈勒索罪。

区分敲诈勒索罪与抢劫罪还有重要的一点，就是看被害人交出财物的心理状态。抢劫是被害人迫于暴力或者将要实施的暴力而造成精神上的恐惧，被迫交出财物；敲诈勒索则是被害人迫于将要实施的暴力或者毁坏财物、名誉等造成精神上的恐惧，出于无奈，被迫于当场或者事后交出财物或者出让其他财产权，而且敲诈勒索罪的成立，不要求暴力、胁迫手段达到足以压制他人反抗的程度。从本案来看，2011年10月30日下午，被害人邰某某在已脱离朱某某等人的控制，可以寻求法律救济等各种手段拒付欠条的情况下，仍将钱交给朱某某等人，其心理状态是恐惧朱某某等人将要实施的暴力，因此才在事后交出财物。综上，这种行为应认定为敲诈勒索罪。

最后，被告人严某某与朱某某等人构成共同犯罪。被告人严某某虽然在将几名被害人带至犯罪地点后即离开现场，并未实际对被害人实施暴力行为，也未实际参与向被害人索要钱财的行为，但其与其他同案犯是经过事先预谋并有明确分工的，且参与了事后分赃。在犯罪预谋中，虽然朱某某、王某、宋某某等人均表示他们只是商量了"敲诈"渣土车司机，但四人的主要目的是向被害人强行要钱，只要能拿到钱，采取何种方式都在其故意范围之内，尤其是不排斥使用暴力手段抢劫财物。在事实上，朱某某等人也采取了持刀威胁、殴打、非法限制人身自由等暴力手段向被害人抢劫财物以及逼迫被害人写下欠条，以该欠条向被害人敲诈钱财的行为，故被告人严某某对其他同案犯的抢劫、敲诈勒索行为存在概括的故意，其与其他同案犯构成抢劫以及敲诈勒索的共同犯罪。

二、量刑方面

1. 被告人严某某的行为已触犯《中华人民共和国刑法》第二百六十三条，构成抢劫罪，抢劫数额为人民币8162元，应当在三年以上十年以下有期徒刑之间量刑，并处罚金，建议以抢劫罪处有期徒刑四年六个月至六年，并处罚金。

2. 被告人的行为同时触犯《中华人民共和国刑法》第二百七十四条之规定，构成敲诈勒索罪，犯罪数额为人民币4400元，数额较大，应当在三年以下有期徒刑、拘役或者管制，并处罚金或者单处罚金之间量刑，建议以敲诈勒索罪处有期徒刑六个月至一年，并处罚金。

3. 应当对被告人严某某数罪并罚，故建议对被告人严某某判处有期徒刑五年至七年，并处罚金。

4. 被告人严某某系累犯，应当从重处罚。

5. 被告人严某某拒不认罪，没有认罪悔罪表现，请法庭量刑时酌情考虑。

三、法庭教育

被告人严某某曾屡次因犯盗窃罪被判处刑罚，刑满释放后仍不知悔改，与朱某某等人共同实施抢劫、敲诈勒索的犯罪行为。在同案犯朱某某到案后，侦查机关曾通过朱某某的父亲动员你主动投案，而你在向公安机关投案后却对自己的罪行矢口否认，甚至连自己的前科劣迹也拒不承认，企图逃避法律的惩罚。殊不知，天网恢恢疏而不漏，你仍然受到了法律的公正审判。公诉人在办案中也了解到，你自幼父母双亡，由姑母抚养长大，十几岁便独自出外谋生，生活的艰辛没有让你成熟，却让你走上了犯罪的道路。公诉人希望你通过此次庭审，真正地认识到自己的错误，改过自新，让自己的人生重新步入正轨。

近年来，随着城市建设的加快，"黑土场"问题日益严重，其中蕴含的无本万利的巨大利益，成为滋生违法犯罪的温床，本案正是其中一例。把渣土倾倒在非法土场的花费要远低于倾倒在正规土场，被告人严某某等人正是利用几名渣土车司机贪图便宜的心理，以低价倾倒渣土诱骗被害人，屡屡得手。因此，公诉人也要提醒广大司机朋友，以此案为诫，不要为了贪图小利到不正规甚至可能是假冒的所谓"土场"偷倒渣土，为犯罪分子提供可乘之机，将自己的人身财产安全置于危险之中。"黑土场"引发的违法犯罪已经严重威胁社会治安，检察机关必须予以严厉打击。严肃处理本案，不仅是保护几名被害人的人身权和财产权，更重要的还是要维护社会的和谐稳定和正常秩序。

综上所述，起诉书认定本案被告人严某某的犯罪事实清楚，证据确实充分，依法应当认定被告人有罪，并建议以抢劫罪、敲诈勒索罪，数罪并罚，判处其有期徒刑五年至七年，并处罚金。

公诉意见发表完毕。

公诉人：薛×
2013 年 6 月 18 日当庭发表

（四）分析点评

对存在犯罪事实相似的案件如何在法庭中释法说理，这不仅是需要向法庭说明的事实，同时也是向旁听群众明理的要求。本案法律适用上存在争议，更是需要公诉人在法庭辩论的第一轮发言中明确立场，并予以充分地阐述。

本案的争议焦点是被告人的行为是构成抢劫罪还是敲诈勒索罪？对此，在审查起诉阶段，曾出现三种不同意见。第一种意见认为本案应当构成敲诈勒索罪。第二种意见认为本案应当构成抢劫罪。第三种意见认为本案应当构成抢劫罪与敲诈勒索罪，数罪并罚。

本案公诉意见中采用了第三种意见，即被告人的行为构成抢劫罪与敲诈勒索罪。抢劫罪与敲诈勒索罪在犯罪构成要件上具有一定的相似性，二者都以非法占有为目的，不仅都可以使用威胁方法，而且都可能使用暴力方法。但是，抢劫罪中的暴力、胁迫必须达到足以压制他人反抗的程度；敲诈勒索罪中的暴力、胁迫只要足以使被害人产生恐惧心理即可。此外，抢劫罪的认定必须符合"两个当场"的特征，即当场使用暴力、胁迫等手段，当场取得财物，且前后之间存在因果关系。可见，两罪之间的区别也是显而易见的。其中犯罪行为的暴力程度应从被告人的客观行为方式和被害人的主观感受来综合判断，本案中，朱某某等多人在凌晨时分将被害人带至偏僻地点，对被害人实施持刀恐吓和殴打行为，暴力行为已达到足以压制被害人反抗的程度，且被害人陈述其是因害怕自己的人身受到伤害才被迫交付财物，故对朱某某等人当场取得钱财的行为应当认定为抢劫。被害人郜某某第二次交钱行为尽管与前面的抢劫行为有联系，但抢劫行为已经实施完毕，被害人也已经获得人身自由，其是在被告人后续不断地电话催促、恐吓下，为避免将来受到人身伤害和财产损失，而被迫交付钱款的，因此可以认定为敲诈勒索。

为了能够明晰论证以上法律关系，对于被告人构成抢劫罪的理由部分，公诉意见通过展现案件事实，与构成要件进一步对照，直接向法庭表达了构罪理由。对于被告人构成敲诈勒索罪部分，公诉意见则采用了引入争议焦点的写法，通过论述抢劫罪与敲诈勒索罪的不同之处，进而归纳出两者的区别，再结合案件事实，得出最终构成敲诈勒索罪的结论。这样的写法，优点在于通过罪名之间的直接比较，说明两者的区别，与前两篇相比焦点更加明确。但缺陷在于事实与论理过程中逻辑不够紧密，层次上出现跳跃，缺少立论的基础部分。如果在认定被告人构成敲诈勒索罪的部分，先采用直接论理的方法，从构成要件入手，完整阐述，之后再进行两罪对比，说理会更清晰，效果也会更好。

实体的认定始终是公诉意见论述的核心部分。该案的两笔犯罪事实在细节上不同，是认定两个罪名的事实基础，而构成要件是区分此罪与彼罪唯一的关键点。所以，在出现此罪与彼罪的模糊认识时，更应该立足基础概念，从法律规定出发，首先做出明确的概念界定，进而从事实与证据角度进行深入分析与论证。然后再对比概念，剖析两罪的不同之处并点明本案认定的焦点意义，自然能够达到条分缕析，使旁听的观众在不知不觉中层层递进并最终接受公诉意见的全部观点。

三、对部分事实的定性存在争议

案例：陈某诈骗案

（一）基本案情

2006年10月至2008年2月期间，被告人陈某编造做生意急需用钱、投资工程等借口，以高额利息为诱饵，以借为名，先后多次骗取被害人赵甲（系被告人陈某的舅舅）、赵乙（系被告人陈某的外甥）、周某某、林某某、胡某某等人钱款共计人民币95万元。

具体犯罪事实分述如下：

1. 2006年10月26日，被告人陈某虚构自己的朋友做生意急需用钱，并以高额利息为诱饵，骗取被害人赵甲人民币20万元。

2. 2007年3月22日，被告人陈某虚构自己参与本市江宁区西门子工地的工程，并以高额利息为诱饵，骗取被害人胡某某人民币5万元。

3. 2007年6月29日，被告人陈某虚构自己参与本市江宁区西门子工地的工程，并以高额利息为诱饵，骗取被害人胡某某人民币15万元。

4. 2007年7月18日，被告人陈某虚构自己参与江宁区西门子工地的工程，并以高额利息为诱饵，骗取被害人胡某某人民币4万元。

5. 2007年8月13日、9月25日，被告人陈某虚构公司经营用钱，并以高额利息为诱饵，两次分别骗取被害人陈丙人民币1万元、7万元。后被告人陈某退还给陈丙人民币3万元。

6. 2007年10月，被告人陈某虚构自己参与江宁区西门子工地的工程，并以高额利息为诱饵，由梁某担保，骗取被害人林某某人民币18万元。

7. 2007年12月5日，被告人陈某虚构自己做生意急需用钱，并以高额利息为诱饵，骗取被害人赵甲人民币3万元。

8. 2008年2月6日，被告人陈某虚构自己做生意急需用钱，并以高额利息为诱饵，骗取被害人赵乙人民币2万元。

9. 2008年2月27日，被告人陈某向被害人周某某虚构自己放高利贷，并以高额利息为诱饵，骗取周某某人民币20万元。

为逃避追偿，被告人陈某于2008年上半年离开南京。陈某归案后，如实供述了上述犯罪事实。

（二）案件争议的焦点问题

在诈骗犯罪中，被告人的部分还款行为是否影响诈骗数额的认定？

（三）公诉意见书

公诉意见书

被告人：陈某
案由：诈骗
起诉书号：建检诉刑诉〔2013〕138号
审判长、人民陪审员：

根据《中华人民共和国刑事诉讼法》第184、193、198条和第203条的规定,我受×区人民检察院的指派,代表本院,以国家公诉人的身份出席法庭支持公诉,并依法对刑事诉讼实施法律监督。

通过三次的庭审,法庭对本案事实进行了详尽的调查。被告人陈某当庭对起诉书指控的犯罪事实基本认可,但对数额提出了不同辩解。辩护人认为起诉书指控的犯罪事实部分成立,即起诉书指控的第1、5、7、8、9笔犯罪事实,应当认定陈某诈骗44.9万元,而非起诉书指控的95万元。起诉书指控的第2、3、4笔犯罪事实,辩护人认为陈某没有诈骗的故意。起诉书指控的第6笔犯罪事实,辩护人认为由于已经由担保人代为偿还,被害人的钱已经收回,不应当作为犯罪处理。

公诉人认为,陈某的行为构成诈骗罪,犯罪数额是95万元,辩护人的意见不能成立。下面公诉人结合本案的庭审情况,从犯罪事实、相关证据、法律适用等层面,发表如下公诉意见:

一、陈某的行为符合诈骗罪的犯罪构成

1. 诈骗罪的客观行为的基本构造是:行为人实施虚构事实、隐瞒真相的欺骗行为—被害人陷于错误认识—被害人基于错误认识处分财物—行为人取得财物—被害人遭受财产损失。在法庭调查中,公诉人围绕本案的事实、情节、犯罪数额依法讯问了被告人,宣读并展示了依法收集的书证、被害人的陈述及被告人陈某在侦查阶段及审查起诉阶段的供述和辩解等证据,证明被告人虚构投资、做工程急用钱等借口,甚至虚假允诺高息,向多名被害人骗取钱款,隐瞒实际上用于还高利贷的真相,拆东墙补西墙,骗取被害人的信任,被害人基于这种错误认识处分财物,被告人陈某取得钱款,既不归还,也不打算归还,其行为符合诈骗罪的客观构造。

2. 被告人陈某具有诈骗的故意。在法庭调查中,公诉人着重出示了有关陈某在诈骗期间还款能力的相关证据,均证实了陈某在此期间根本没有还款能力。首先,归案后的多次稳定供述中,陈某均承认自己借钱的行为是"拆东墙补西墙",是为了归还之前欠下的高利贷。其次,陈某当时已经把自己和父母名下以及前妻及其父母名下的全部房产抵押给银行贷款,为了归还之前所欠的高利贷,而由于贷款的拖延,拿到钱时,连高利贷都不够还。后来就陆续向本案的多名被害人借钱,并且用后借的钱归还先借的本息,像滚雪球一样,如此下去,欠款只能越来越多。对此,被告人陈某是清楚的,他也知道自己没有其他经济来源来补这个窟窿。再次,现有证据均表明,陈某在实施本案犯罪期间,其并无合法收入来源,其所经营的公司也没有正常

经营活动。以上均证实陈某在实施所谓的"借款"行为时,就已经明知自己没有归还能力,也不打算归还,而仍然编造借口进行所谓的"借款",这样的"借款"只能是名为"借",实为"骗"。最后,被告人陈某最终逃匿,一走了之,被害人无从联系,这进一步说明其主观上没有还款的意图,也说明了其当初是假"借"真"骗"。

二、辩护人关于起诉书第2、3、4笔事实不构成诈骗罪的观点于法于理不符合

首先,从客观上看,现有证据表明,这三笔事实中,被告人陈某同样采用了虚构承接西门子工程等手段,以借为名,骗取款项。

其次,主观上,这几笔事实发生时,被告人陈某已经资不抵债,已经没有还款能力。

再次,陈某称在归案之前,陆续向胡某某归还了几笔欠款,大概每笔几百元,还了几个月。第一,这几笔还款是否属实,目前尚无证据相互印证;第二,陈某在2007年骗得胡某某的财物时,已经诈骗既遂,并且事发后至外地逃匿;第三,这几笔还款即便属实,也是诈骗既遂后的部分退赃,并且相对于被害人的损失也是微不足道的,对定罪量刑基本没有影响。

最后,辩护人的观点在逻辑上也自相矛盾,该三笔事实与其他笔事实并无本质差异,辩护人一方面认可其他笔事实构成诈骗罪,另一方面又否认该三笔事实构成诈骗,这是自相矛盾的。

三、辩护人关于第6笔事实不构成诈骗罪的观点不能成立

在刚才质证过程中,辩护人认为陈某骗取林某某18万元,事后已经由担保人梁某归还给林某某,并且当时许诺了高额利息,不应当认定为诈骗。公诉人认为,这种观点是不能成立的。

首先,借款诈骗中,有无担保人并非一定能左右诈骗行为的成立。在一些借款诈骗中,被告人往往为了骗取被害人的信任,会找一些中间人作为担保,使被害人放松警惕,好"放心大胆"地借款。这种情况,在实践中屡见不鲜。在正常的借款合同中,担保是为了保证债务的履行,但是如果行为人从一开始就是为骗取钱款,那么所谓的担保就是一种使得被害人更加容易上当受骗的伎俩而已,而且担保人也存在被骗的可能。本案中,对于该笔事实,陈某为了能顺利地骗取被害人林某某的大笔借款,找到了梁某担保。梁某作为所谓的担保人,实际上也被骗了,诈骗既遂之后由于陈某无法归还被害人林某某钱款,由梁某代为归还,由于被告人陈某逃匿,梁某无从追偿。

可见，有无担保并不影响陈某诈骗行为的性质。

其次，担保人还款不影响被告人的罪责。刑法规定的诈骗罪是指以非法占有为目的，使用欺骗方法，骗取他人财物的行为。本案中，陈某明知自己根本没有还款能力，仍然虚构了工程用款的事项，骗取林某某18万元，只不过在欺骗的手段上，为了让被害人更加容易上当受骗，拉梁某做担保。在被告人取得18万元之时，犯罪已经完成，诈骗罪已经既遂。至于梁某代为偿还这并不影响被告人陈某诈骗罪的构成，对陈某的罪责并无影响。

四、本案的量刑建议

1. 关于陈某能否成立坦白。陈某在第一次庭审时当庭翻供，不认罪，经法庭教育后又能如实认罪，依法可以从轻处罚。首先，根据刑法第六十七条第三款的规定，犯罪嫌疑人虽没有自动投案，但如实供述，可以从轻处罚。被告人陈某在侦查阶段到案后是如实供述的。其次，陈某在审判阶段对部分事实不认罪，但是后来又如实供述。对于这种情况，我们认为可以认定为坦白。根据《最高人民法院关于处理自首和立功具体应用法律若干问题的解释》第一条规定"犯罪嫌疑人自动投案并如实供述自己罪行后又翻供的，不能认定为自首；但在一审判决前又能如实供述的，应当认定为自首"，这是法律对于自首的规定。坦白和自首同属于法律规定的从宽处罚的情节，都是指嫌疑人在归案后如实交代自己的犯罪事实，只是二者的归案方式不同。因此，认定是否构成坦白，应当参照该解释制定的原则，即被告人归案后如实供述自己的罪行，后又翻供，但在一审判决之前又能如实供述的，依法应当认定为坦白，并可以从轻处罚。

2. 陈某所具有的其他量刑情节。仍未赔偿被害人的财产损失，酌情从重处罚。

3. 根据《中华人民共和国刑法》第二百六十六条的规定，被告人陈某诈骗他人财物，数额特别巨大，其行为构成诈骗罪，应当处十年以上有期徒刑或者无期徒刑，并处罚金或者没收财产。

综合前述情节，建议对其在有期徒刑十一年以上十四年以下量刑，并处罚金或没收财产。

五、本案的社会危害性及引发的思考

1. 诈骗罪的社会危害性。诈骗罪是常见的侵财犯罪，对于普通民众的日常生活影响较大，对于社会秩序的破坏也是显而易见的。究其原因，大多是因为被告人好逸恶劳、不劳而获，因此"耍小聪明"骗取他人财物，为自己挥霍等。诈骗罪的犯罪手段也是日新月异的,从传统的口耳相传的当面犯罪,到电信诈骗、网络诈骗等新型犯罪手段的应用,其犯罪行为越来越具有隐蔽性,对于侦查工作的要求也越来越高。犯罪分子通过虚构的理由,骗取被害人的信任,然后再取财,有时是被害人一生积攒的血汗钱在一夜之间就被榨干,欲哭无泪,造成了极其恶劣的社会影响。

2. 被告人陈某原本有着稳定的工作和一份令人羡慕的收入。然而陈某不满足于现状,在投资失败后铤而走险,选择了高利贷,最终因为高利贷的利滚利,将自己和家人的房产全部都赔掉了,随后转而骗取亲戚、朋友的金钱,最终也将自己送上了被告席。被害人吕某明知被告人没有归还能力,仍然多次找到公诉人哭诉,因为是亲属关系,所以轻易地相信了陈某,被他骗得几乎倾家荡产,连自己娘家的拆迁款都全部赔了进去,被骗后几年以来,始终吃不好睡不着,整个家庭的经济状况一落千丈。我想,如果坐在被告席上的陈某还有良知,应当彻底反省一下自己的行为给被害人带来的伤害,同时也应当看到,伤害的不仅是被害人,还有自己年迈的父母,你作为家中独子,面临着 10 年以上的牢狱之灾,可想而知,你父母的晚年生活已无幸福可言。他们既要承受你服刑的事实,又要在原本就不宽裕的退休金里替你省出来一部分赔偿款,还要面对被害人的追债。而本案另一个被害人就是你自己,你必须要为自己的犯罪行为承担刑事责任。

3. 藉由本案的审理,公诉人在此希望今天旁听庭审的人员及普通公民,能够吸取几点教训:首先,不取不义之财,才能最大限度地保护自己的财产。通过本案可以看出,陈某骗取被害人财产时,除编造虚假的借款理由外,基本上会许诺高额利息作为回报,如果被害人不为所动,也就不会被骗了。其次,远离违法行为。如果被告人陈某在资金遇到问题时,不去向高利贷求助,并逐渐深陷其中不能自拔,也不会最终骗取被害人近 100 万元现金。高利贷是违法行为,发生纠纷后也不受法律保护。最后,做出任何大额的投资决定前,请谨慎考察是否属实,一定要提高警惕性,尤其是独自在家的老年人,不管受到了何种诈骗,在付钱之前,请和家人或亲友确认一下,只有自己审慎地保护财产,才能避免给犯罪分子可乘之机。

审判长、人民陪审员,公诉人的公诉意见发表完毕。

公诉人:岳××

2013 年 6 月 10 日当庭发表

（四）分析点评

与前述的案件不同，本案共涉及九笔犯罪事实，被告人及辩护人仅供认部分犯罪事实，对于其中四笔犯罪事实，否认构成诈骗罪。对于这种被告人对部分事实定性认可，而对部分事实定性不认可的案件，公诉意见如何谋篇布局、清晰地表达指控主张，也是一大难点。该篇公诉意见采取了先发制人的方法，在首轮法庭辩论环节，公诉意见采取了证据分析与理论阐述相结合的方法，以驳斥辩解为重点，在第一部分的定性分析部分，花了2/3的笔墨分析辩护主张不合理，单从本罪与本案出发，是比较可取的。因为此案所涉及的罪名是极为普通的诈骗罪，不论是犯罪构成理论，还是刑事法律规定，受众所了解的层面上已经非常熟悉，所以，结合案件事实、证据进行理论分析才是该案的重点。该篇公诉意见对于被告人辩解也进行了较好的分解，将同一类的辩解事实进行了归类，从两个不同的点切入，分别进行分析。虽然主要辩解都是归案前部分还款行为是否影响对诈骗犯罪的认定，但公诉人经过分析，一方面是将第2、3、4笔归为一类，其特点是被告人均采用了同一虚构手段，而且还款行为均具有以下特点：一是还款行为是否发生没有证据证实，二是骗得财物事发后均逃匿至外地。更为重要的是，公诉意见抓住了辩护观点上的逻辑漏洞，相似事实辩护人做了不同理解，部分认为构罪，部分认为不构罪，而这一逻辑间的矛盾对于反驳辩护观点是非常有效的回击。另一方面，公诉意见将第6笔事实单独进行重点分析，担保人归还了被害人损失，这样的行为能否构成诈骗？在司法实践中是存有较大争议的。在这一部分，公诉意见进行了充分的说理。既从事实层面论述有无担保并不影响诈骗行为的性质，同时也从理论层面论证犯罪既遂之后行为也不影响诈骗犯罪成立，论证层次分明，但不够深入与完整。事实层面上，担保是否影响诈骗犯罪的成立，公诉意见只论证了非必然性，而其内在的逻辑关系是：担保人与被告人是什么关系？被告人是基于何种目的让担保人提供了担保行为？被告人为何能找到此担保人？此担保人又是出于何种情形为被告人提供担保？公诉意见认为担保人也受骗了，而本案的关键就是论述是基于何种事实与证据判断担保人也受骗了，被告人没有还款意图、不具备还款能力及出逃行为又能反映何种主观故意？这些都是案件在事实与证据层面应当进行深入分析的。其实，从理论层面上，公诉意见认为被告人取得18万元就是犯罪既遂，但没有告诉大家诈骗犯罪中既遂的标准是什么？本案中为何取得18万元就是犯罪既遂，之后的担保人代偿行为与犯罪既遂又是什么关系？这些都是理论层面需要深入解析的问题，也是该篇公诉意见需要进一步完善之处。

瑕不掩瑜，总体上看，该篇公诉意见围绕被告人与辩护人的观点，突出庭审争议焦点，进行层次清晰的说理，是值得借鉴与肯定的一篇佳作。

第二节 事实与证据之辩

事实与证据是公诉人完成指控任务的基础，当然也是发表公诉意见、展开论证分析的基础。就好像万丈高楼平地起，需要打牢地基一样，如果事实与证据存在争议或发生变化，则首先需要就这一情况进行释明，否则所有的定性论证都会成为无源之水、无本之木。这类案件大致有三类：一类是部分事实存在争议，一类是被告人不供或翻供导致证据成为庭审争议焦点，还有一类是因排除非法证据引发的争议焦点。无论哪种类型，都需要在庭前下足功夫，立足庭前审查过程中确定的事实与证据，建立完整的证据体系，并进行有效的论证。

一、部分事实认定存有争议

案例：余某某诈骗案

（一）基本案情

2010年9月，犯罪嫌疑人余某某化名王某，结识了玉带镇村民郭某某，谎称自己是六合区玉带镇化工园拆迁办的工作人员，骗得郭某某的信任。2010年9月至2012年3月，犯罪嫌疑人余某某先后以帮忙办理房产证、土地证以及拆迁时可多分得房子或者是赔偿款，合伙做生意等名义骗得郭某某，及通过郭某某骗得徐某某、戴某某、黄某某、郭甲等人共计人民币14.2万元。

（二）案件争议的焦点问题

犯罪数额的认定存在争议：被告人不认可部分犯罪数额。

（三）公诉意见书

公诉意见书

被告人：余某某

案由：诈骗罪

起诉书号：六检诉刑诉字（2012）604号

审判长，审判员：

根据《中华人民共和国刑事诉讼法》第一百五十三条、第一百六十条、第一百六十五条和第一百六十九条的规定，我们受南京市六合区人民检察院的指派，代表本院，以国家公诉人的身份，出席法庭支持公诉，并依法对刑事诉讼实行法律监督。现对本案证据事实和案件定罪量刑发表如下意见，请合议庭注意，在评议时，予以参考：

一、本院指控被告人余某某犯诈骗罪，事实清楚，证据确实、充分

在刚才的法庭调查中，公诉人围绕本院起诉书所指控的犯罪事实依法讯问了被告人余某某，听取了被告人余某某供述与辩解，宣读了被害人郭某某、徐某某、戴某某、黄某某、郭甲等人陈述、证人潘某某、戴甲等人的证言，出示了公安机关依法收集的与本案有关的证据材料，上述证据均由侦查机关依法取得，各证据之间、证据与待证事实之间能够相互印证，查证属实的证据已充分证实了被告人余某某在2010年9月化名王某，结识了玉带镇村民郭某某，谎称自己是六合区玉带镇化工园拆迁办的工作人员，骗得郭某某的信任，并在2010年9月至2012年3月间先后以帮忙办理房产证、土地证以及拆迁时可多分得房子或者是赔偿款，合伙做生意等名义骗得郭某某、徐某某、戴某某、黄某某、郭甲等人共计人民币14.2万元。

我国刑法规定的诈骗罪是指以非法占有为目的，用虚构事实或者隐瞒真相的方法，骗取数额较大的公私财物的行为。主观上具有非法占有的故意，客观上采用虚构事实或隐瞒真相的欺骗方法，使人陷于错误认识并"自愿"处分财产，骗取数额较大的公私财物的行为。虽然被告人对自己所诈骗的金额进行辩解，并且其辩解所诈骗的金额是一次比一次少，但是本案被害人对被诈骗的金额一直有稳定的陈述，特别是公安机关将余某某抓获归案后，对其的每次讯问都进行了全程同步录音录像，以证明公安机关取证的真实性和合法性，在公安机关的讯问笔录中，被告人余某某多次供述自己骗得多名被害人共计人民币14余万元的犯罪事实，公诉机关采取了有利于被告人的原则认定犯罪数额为14万余元。综上所述，被告人余某某的行为符合诈骗罪的构成要件，构成诈骗罪，数额巨大，本院起诉书所指控的犯罪事实清楚，证据确实、充分。

二、对被告人余某某行为的量刑意见

根据《中华人民共和国刑法》第二百六十六条的规定，"诈骗公私财物，数额较大的，处三年以下有期徒刑、拘役或者管制，并处或者单处罚金；数额巨大或者有其他严重情节的，处三年以上十年以下有期徒刑，并处罚金；数额特别巨大或者有其他特别严重情节的，处十年以上有期徒刑或者无期徒刑，并处罚金或者没收财产。"根据江苏省关于诈骗犯罪立案追诉标准的相关规定，犯罪嫌疑人余某某诈骗14万余元，属于数额巨大，应处三年以上十年以下有期徒刑，并处罚金。

本案被告人余某某具有以下法定、酌定量刑情节：

1. 被告人余某某系累犯，应当从重处罚。

被告人余某某自1987年以来因犯诈骗罪已被司法机关处理过5次，每次刑满释放后不久又故伎重演，其这次犯罪距上次出狱也只有一年左右的时间，具有较大的人身危险性和社会危害性，根据相关法律规定，系累犯，应当从重处罚。

2. 被告人余某某认罪态度不好，酌情应予以从重处罚。

被告人余某某虽在公安机关有多次稳定供述，但在审查逮捕环节、公诉环节，被告人余某某却翻供，且所供述的诈骗金额一次比一次少，当庭也拒不交代全部犯罪事实，表明其主观上并没有真心悔过，请合议庭在量刑时予以考虑。

3. 被告人余某某未赔偿被害人任何损失，酌情应予以从重处罚。

被告人余某某所骗得的钱款均被其用于赌博挥霍掉了，导致其目前没有能力赔偿被害人的损失，而这些钱都是被害人辛苦积攒下来的血汗钱，甚至是养老钱，但被告人余某某目前却未能给予被害人任何赔偿，请合议庭在量刑时考虑这一情节。

综上，建议对被告人余某某判处有期徒刑六年至八年，并处罚金。

三、本案的社会危害性以及引发的思考

在刚接手该案时，看见公安机关起诉意见书上列明的被告人的多次诈骗处罚记录，公诉人也很好奇，这是一个什么样的犯罪嫌疑人，到底为何多次铤而走险地犯罪，而且都是同一个罪名——诈骗罪，并且都能诈骗成功？

带着这样的疑惑，公诉人开始仔细审阅案件，提审被告人。在这个过程中，公诉人发现原来被告人好赌，骗来的钱都押在了赌桌上。应该说被告人很聪明，但是聪明没用对地方，他非常了解被害人的心理，利用世人贪图小便宜的心理，屡屡行骗，屡屡得手，但为此也付出了沉重的代价，那就是用自由来弥补自己所犯的罪行。

就在公诉人提审余某某时，其虽然对诈骗的数额有所辩解，但均承认自己有诈骗的行为，也对自己的犯罪行为后悔不已，但余某某，你再怎么后悔，又能给被害人挽回多少损失呢？你骗的这些钱都是被害人辛苦积攒下来的血汗钱，甚至是养老钱，特别是被害人徐某某，被骗的金额最多，几乎是她一生的积蓄，甚至她为了凑钱把为自己买的养老保险金也退了，而你一赌就把这些钱全部都挥霍光了，你可想过，被你骗的这些人他们以后该如何生活？你在狱中可以三餐不愁，但你让他们以后一天天的该怎么过下去？你不仅毁了你自己，你也把别人的一辈子都毁了。

余某某，再来看看你自己的家庭吧！它已经被你糟蹋的体无完肤。你原本有一个幸福的家庭，有一个善良贤惠的妻子，无论你犯再大的错，她都会用爱一次次包容你、原谅你，即使在你服刑期间，她也用自己瘦弱的肩膀为你撑起了整个家，希望你能早日出狱，重新做人。但是你却一次又一次地辜负她的爱，践踏她的爱，她可以原谅你一次，可以原谅你两次，但是事不过三，再好的妻子也无法忍受你一直这样，爱需要相互扶持，当她明白了自己永远也得不到你的爱的时候，你让她如何不心灰意冷、不彻底绝望？再来看看你的孩子吧！也许你觉得坐牢再大也是你自己的事情，与他人无关，但你又是否知道，你的孩子自懂事起就知道她的爸爸是个罪犯，而且一直在坐牢，这给孩子的心理产生了多大的负担，让她如何在其他同学面前抬头做人？即使老师同学不说什么，但她自己也看不起自己，总是觉得低人一等，在这样的心理下，导致她对生活越来越失去信心，因为连她最尊敬的父亲都是一个诈骗犯，那世界上还有谁是值得信任的。就这样，她初中没有毕业就辍学，一直在外过着打工飘零的日子，以逃避这种恶劣的生活环境。余某某，你觉得你配让孩子叫你一声"爸爸"吗？

人生是道选择题，对错常在取舍间，往往就是因为一念之差而误入歧途。人生也不是游戏，不可以推倒重来。人生最可悲的境遇莫过于最后自己已没有了选择权。余某某，你已经快五十岁了，人生已经过去了一大半，如果第一次犯罪你是因为一念之差而误入歧途，那么第二次、第三次、第四次、第五次你又是因为什么呢？你不是判处无期徒刑，而没有选择权，每一次出狱,就是给你一次重新选择的机会,但你却从未珍惜过。也许你觉得选择权每次来得太容易。但现在你已经五十岁了,你的人生不会再有第二个五十,这次你错过,也许就不会再有机会了,人生苦短,希望余某某这次能够真正反思自己的人生,过去的五十年自己都做了些什么?自己的余生该如何度过,真正做到洗心革面、重新做人。

余某某诈骗是错误的,其因此也要付出巨大的代价,但是其为什么在一年多的时间内诈骗这么多次,并且每次都屡屡得手?可以说本案的被害人也有一定的过错,最大的错误是贪图小便宜、过于轻信他人。目前社会上各种诈骗的手段层出不穷,让人们一不小心就掉入诈骗的陷阱,分析各种被骗的被害人,他们有一个共同的特点,就是贪图便宜,相信天上会掉"馅饼",而且"馅饼"会正好砸中自己。因此此案也警示人们,在社会交往中,一定要"害人之心不可有,防人之心不可无"。在遇到事情时应当冷静分析,切不可贪图小利,最终是损失惨重。

以上公诉意见,望合议庭充分考虑并采纳,对被告人余某某作出公正的判决。

公诉人:冯××
2013 年 4 月 7 日当庭发表

(四) 分析点评

被告人余某某对案件定性没有异议,但对于公诉机关所认定其实施诈骗的犯罪数额存有异议。根据公诉人审查的事实,被告人余某某在公安机关有过稳定的有罪供述,但是在审查逮捕、审查起诉阶段开始翻供,且数额一次比一次少,给案件的顺利办理增加了难度。那么,清晰地阐明认定犯罪数额的依据与理由,理应成为庭审中发表公诉意见的重点之一。

该公诉意见对于这一问题的分析,主要阐述了三个方面的理由:一是被告人在公安机关有过多次供述且比较稳定;二是公安机关在讯问的过程中进行了全程录音录像,取证程序合法;三是公诉机关的认定原则是有利于被告人的原则。既考虑了程序问题,也分析了实体认定的理由,较为全面。但综合本案的争议焦点,非常集中,认定的思路采用了"有利于被告人"的原则,那么被告人供述的犯罪数额是一次比一次少,公诉机关采信的又是哪一次?为什么采信这一次?从另一方面说,既然采信了被告人供述,则一定是对被害人所陈述的部分数额没有采信,为什么没有采信?所以,庭审的重点应当对此展开论述并且说理透彻。因为,旁听庭审的群众中就有被害人,从公诉意见中所反映的受害群体看,老年人占了多数,如何做好释法说理工作,最大限度地化解社会矛盾,也是庭审必不可少的环节之一。具体到该案中,有利于被告人的认定原则是公诉人认定犯罪数额时常用方法之一,但这一方法的运用前提是对案件证据进行全面梳理、综合比对之后,无客观性证据直接证明犯罪事实,需要对被告人供述与被害人陈述进行对比,最终形成"就低不就高"的选择。所以,在公诉意见中,需要进一步分析案件证据,被害人是如何陈述的,证人是如何陈述的,被告人又是如何供述的,公安机关在搜集证据时,有无查获相关账本及书证,银行转账记录是否调取,又能证明何种事实?在对这一系列证据进行综合分析的基础上,公诉机关又能得出何种结论?最终公诉机关的认定思路又是什么?而这一过程的分析恰恰正是公诉机关适用"有利于被告人"原则的过程。

案例:姚某某玩忽职守案

(一) 基本案情

1999 年 7 月 28 日,户籍在南京市玄武区管家村 53 号的周某某、曹某某夫妇谎称侄子周甲为其子,以周甲的名义填写了《民房修缮申请表》,并递交了相关材料,向南京市玄武区人民政府红山办事处(以下简称红山办事处)申请在该办事处小营村一队建房。审批期间,曹某某请托他人,向分管城建工作、时任红山办事处副主任的被告人陆某某打招呼帮忙办理。被告人陆某某接受请托后,向时任红山办事处城建干事的被告人姚某某表示"能办就给办了"。

后在该建房申请的审批过程中,被告人姚某某未按规定对申请人周甲的户籍资料进行审核,被告人陆某某未按规定对递交的申请材料亲自把关,同意了本不符合建房条件的周甲的建房申请,加盖红山办事处公章后提交南京市玄武区建设局规划科审批。2002 年 4 月初,南京市玄武区建设局规划科主任科员被告人王某某未按规定到实地进行查看,签署同意建房的意见并提请局长审批发放了名为周甲的《建设工程规划许可证》。发证房屋实际为周某某、曹某某夫妇建设并居住。

2010 年 4 月始,南京市玄武区人民政府在红山办事处小营村进行经济适用房重点项目工程建设。在拆迁安置过程中,曹某某以上述《建设工程规划许可证》称自己房屋是合法建筑,向政府提出天价拆迁补偿,拒绝搬迁。至 2012 年底,政府部门多次做工作仍无效,严重影响 3000 余户居民搬迁入住，群众反映强烈，媒体广泛报道，造成恶劣社会影响。2012年12月，红山办事处对曹某某的房屋进行了强拆，产生了4万余元的拆迁费用。同时，为了保证2013年6月30日前向安置户交房，施工单位额外支出赶工费46万余元。

（二）案件争议的焦点问题

未履行没有书面规定的职责是否应当承担玩忽职守的责任？

（三）公诉意见书

公诉意见书

被告人：姚某某、陆某某、王某某

案由：玩忽职守

案号：玄检诉刑诉〔2013〕214号

审判长、审判员（人民陪审员）：

今天，×区人民法院在这里依法公开开庭审理被告人姚某某、陆某某、王某某玩忽职守一案。根据《中华人民共和国刑事诉讼法》第一百八十四条、第一百九十三条、第一百九十八条和第二百零三条的规定，我受×区人民检察院的指派，代表本院，以国家公诉人的身份出席法庭支持公诉，并依法履行法律监督职责。在刚才的法庭调查过程中，公诉人围绕本院起诉书中指控三名被告人犯有玩忽职守罪的有关事实，依法讯问了被告人，出示了被告人以往的供述和辩解、多名证人的证言、相关书证及电视台报道录像等证据材料，上述证据经当庭质证，具有证明效力，由法庭记录在案，公诉人向法庭出示的证据均能相互印证、相互支撑，环环相扣，已形成一个完整、合法的证据体系，客观、全面地证实了三名被告人玩忽职守的犯罪事实。为进一步揭露犯罪，弘扬法治，现对本案的事实和证据发表如下公诉意见，供合议庭参考。

一、被告人姚某某、陆某某、王某某作为国家机关工作人员，不履行职责，致使国家财产、国家和人民利益遭受损失，三被告人行为已构成玩忽职守罪，依法应受刑罚处罚

刑法第三百九十七条第一款规定的玩忽职守罪是指国家机关工作人员玩忽职守，严重不负责任、不履行职责或者不正确履行职责，致使公共财产、国家和人民利益遭受重大损失的行为。具体到本案：

首先，三被告人均系负有建房审批特定职责的国家机关工作人员。在刚才的法庭调查中，公诉人向法庭出示了三被告人的任职材料及职责范围等书证，出示了被告人供述及证人证言，上述证据均证明在本案事实发生之时，被告人姚某某系红山办事处城建干事，负责辖区内村（居）民建房的初审工作，应审核申请人户籍资料；被告人陆某某系红山办事处副主任，分管城建、城管等工作，在开会研究时应对建房人申请材料亲自审核、亲自把关，代表办事处出具是否同意建房的意见；被告人王某某系区建设局规划科主任科员，在收到办事处递交的申请材料后，应会同城建干事共同查看现场、审核资料，最终审核发放建设工程规划许可证。三被告人均系从事具体审批工作的国家机关工作人员。

其次，三被告人均未履行自己的职责义务。在刚才的法庭调查中，公诉人出示了玄武区《申请办理建筑执照须知》，宣读了时任红山办事处主任、建设局局长、规划科科长、村支书、村委会主任等人的证言，均证实无论是书面规定还是乡规民约，只有拥有本地户籍的村（居）民才具备在本地申请建房的条件，也证明村（居）民建房的流程是先由姚某某初审，再由陆某某召集会议研究决定，最后由王某某审核批准。同时，公诉人通过多媒体设备向法庭出示了《玄武区城镇居民土地使用权申请表》、《民房修缮申请表》等一系列建房申请材料，我们能够轻易看出"周甲"申请材料中的错乱之处，如申请人姓名——或周甲、或周乙，如建房地址——或小营一队、或小营二队，如审批单位——或无签字盖章、或直接空白，而上述错乱并未出现在同期审批的材料之中。

上述证据均足以证实，在周甲这一户的审批程序中，曹某某谎称侄子周甲系其子，以周甲名义申请建房，这一谎言只要通过查看户籍资料即可拆穿，而被告人姚某某既没有调查，也没有核实；被告人陆某某作为街道审批的决定人，应当亲自审核申请资料，但因接受了曹某某委托他人的吃请，对明显有多处矛盾的申请材料视而不见，草率决定；被告人王某某在接到申请后亦应到现场查看并审核户籍资料，但基于对城建干事的信任，不去现场、不看资料。三名对建房申请负有直接责任的国家机关工作人员在各自的环节上都未履行职责义务，致使违规建设的房屋取得了合法的建设工程规划许可证，也致使貌似严密的层层把关的审核流程形同虚设、层层失守、无一生效。

最后，三被告人出于过失没有履行职责，导致危害后果产生。国家行政机关出具的建房许可证具有法律效力，是产权归属的证明文件，获得建房许可证的申请人依此可以主张房屋上的财产权利。对于这一基本常识,作为具体从事建房申请审批的三被告人应当了然于心;同时我们通过建房审批的流程注意到,政府部门对建房审批设置了多重环节,规定各种审核要求,其目的就是为了严格把关,防止不符合条件的人得到不应享有的权利,三被告人对审批规定是清楚明了的,对于不履行职责可能造成不合条件之人获取权利的后果是应当预见到的。但公诉人向法庭出示的三被告人的供述、证人周甲、孙某某、杨某某等人的证言,证实姚某某、陆某某出于接受了请托,王某某出于对街道工作人员的信任,过于自信地认为申请资料毫无问题,而曹某某就这样轻而易举地拿到了建房许可,并最终导致曹某某以此为据拒绝搬迁,造成恶劣社会影响及直接经济损失。

特别要提出的是,被告人姚某某一直辩称自己在查看现场时将查看户口仅仅评价为是对自己的一种要求,但其一,其对于自我要求增加查看户口环节的原因无法自圆其说,因为实践工作中形成的惯例也属于职责义务所在;其二,被告人姚某某在侦查阶段的多次稳定供述供认其应当查看户口而未查看,且审核户口是职责所在的事实也得到了被告人陆某某、王某某的供述,杨甲、王某、刘某某、陈某某等多名证人证言的印证。故姚某某称审核户籍资料的职责没有书面规定、其没有违反职责规定的辩解不能成立,提请法庭不予采信。

综上,被告人姚某某、陆某某、王某某身为国家机关工作人员,在建房审批时未履行职责,造成社会恶劣影响,并造成经济损失,其行为完全符合玩忽职守罪的构成要件,依法应予惩处。本案事实清楚,证据确实、充分,足以证明本院起诉书对三名被告人犯有玩忽职守罪的指控。

二、本案的社会危害性及引发的思考

近年来,土地征用、房屋拆迁等民生领域一直是人民群众关注的焦点,也是渎职犯罪易发、高发并被社会广为关注的领域,而本案就是在房屋拆迁过程中发现线索继而引出的渎职犯罪案件。

1. 三被告人的玩忽职守犯罪给违法建筑披上了合法外衣。因三被告人未履行职责,导致的直接后果是曹某某以侄子周甲的名义建设了房屋,并取得了工程规划许可证。该房屋地处红山办事处小营村,2010年该地块经区政府规划预建设经济适用房,用来安置沪宁城际铁路、火车站北站广场、红山小营村地块等重点项目的拆迁居民,从2010年该地块拆迁到2012年项目主体完工长达两年的时间内,曹某某一直拒绝搬迁,同时向政府索要巨额拆迁补偿费用,而曹某某凭借的就是经三被告人审批后发放的建设工程规划许可证。

2. 三被告人的玩忽职守犯罪影响了民生、侵害了民意。曹某某以周甲名义建设的房屋位于目前正在建设的小营村经济适用房地块，该项目是安置沪宁城际铁路、火车站北站广场等重点项目拆迁居民的一个利民工程，原本预计在2012年年底交付。但通过刚才播放的电视报道录像，我们看到，该项目的主体大楼建设已经完成，但唯独曹某某所建的房屋仍旧"矗立"在小区正中央，施工方介绍，该房屋恰巧位于项目的中心地带，小区的水电设施均要从该房屋所在的地下进行铺设，而曹某某拒绝搬迁不仅使小区配套设施无法进场施工，使原本2012年12月30日就能完工的项目无法按时交付，更直接影响了3000余户被拆迁居民的回迁入住，按照每户三口之家计算，至少有1万多名居民还要继续持续在外租房过渡的日子。

人们常说，家是避风的港湾，家是温暖的代名词，家对于每个人来说都是不可或缺的。所有的拆迁居民当初为经济发展大局着想，接受了被拆迁的事实，拿着有限的安置费在外过渡多年，电视报道中有位居民说："被拆迁时，我们的孩子上小学三年级，现在孩子都读初二了，还是没能回到我们自己的家"……听到这里，公诉人很心酸，不知被告人作何感想？几幢大楼承载的是上万名居民对家的梦想、对家的渴望，而这个梦想、这份渴望，却因被告人的不负责任而一再推迟实现的时间。被告人玩忽职守的行为不仅导致惠民利民工程的拖延，更损害了人民群众的切身经济利益，也给人民群众的心灵带来了极大的创伤，可谓影响了民生、侵害了民意。

3. 三被告人的玩忽职守犯罪损害了政府在人民群众心目中的形象。此案案发后，经过东升工作室的报道，可以说在南京市甚至江苏省都产生了恶劣的影响。政府承诺的回迁日期已然过去半年，而人民群众仍然在外过渡，三被告人的行为破坏了政府在人民群众心目中的形象，影响了国家和政府在百姓中的声誉。虽然曹某某所建房屋经确认系违建后已被强制拆除，但到目前为止，被拆迁人曹某某在拆迁补偿问题上仍一直不断到处上访，影响恶劣，严重干扰了我区机关的正常办公秩序，降低了政府在群众中的威信，对我区的经济发展和社会稳定产生了严重的负面影响。

今天，被告人陆某某、王某某都是早已退休的国家干部，被告人姚某某则即将达到退休年龄，应当是为国家、为人民发挥余光余热之时，但此刻却站在被告席上接受法律的审判，公诉人也为你们深感惋惜。但三名被告人也应在此刻反思自己在工作中是否真正做到了恪尽职守、为民谋利，是否将群众满意作为衡量是非得失的标尺？同时我们也联想到国家机关、各部门、单位，在建立健全规章制度和监督机制后，也要使工作人员能够真正地树立权为民所用、利为民所谋的意识，才能从根本上杜绝渎职案件的发生。公诉人希望三被告人尤其是被告人姚某某通过今天的庭审，能够深刻认识到自己的行为所造成的社会危害性，同时能够彻底认罪悔罪，敢于面对和承认事实真相。

三、量刑意见

被告人姚某某、陆某某、王某某的行为已触犯《中华人民共和国刑法》第三百九十七条第一款的规定，应当以玩忽职守罪追究三人刑事责任。根据《中华人民共和国刑法》第三百九十七条第一款的规定，应当对三人判处三年以下有期徒刑或者拘役。被告人陆某某、王某某归案后能够如实供述犯罪事实，依法可以对两人从轻处罚。被告人姚某某不但不诚心悔罪认罪，反而有推卸责任、避重就轻行为，合议庭在考虑对三被告人量刑时，对姚某某的量刑与陆某某、王某某的量刑应当有所区别。鉴于本案的事实、三被告人的犯罪情节、本案的社会影响及三被告人的认罪态度，公诉人建议对被告人姚某某判处有期徒刑二年，缓刑三年；对被告人陆某某、王某某判处有期徒刑一年，缓刑二年。

审判长、人民陪审员，公诉人公诉意见发表完毕，请合议庭采纳。

公诉人：张××

（四）分析点评

本案涉嫌渎职犯罪，在公诉意见书制作之时，公诉人遵循渎职犯罪的构成要件，在进行第一部分定性分析时，按照被告人应当做什么、没有做什么、不作为导致的后果这个思路层层递进，对全案证据进行分析，高度概括、还原案情全貌，重点说明指控被告人犯罪行为的证据体系，准确认定三名被告人各自的犯罪行为。同时，针对被告人没有违反职责规定的辩解在公诉意见中先行驳斥，并结合证据进行说理。这一布局层层递进、重点突出。

被告人辩解主要集中在两个方面：一是被告人姚某某辩解审核户籍资料并不是工作制度，也没有任何书面规定要求自己审核户籍资料，自己未审核户籍资料的行为并未违反书面职责规定，不构成玩忽职守罪。二是另一被告人陆某某系分管领导，曹某某一户建房审批系集体研究决定，且陆某某的审核内容和审核义务亦没有书面规定，同样不应承担玩忽职守罪的刑事责任。简而言之，即未履行没有书面规定的职责是否应当承担玩忽职守的责任？

公诉意见针对上述辩解从两个方面进行了回应：一方面从实践工作中形

成的惯例分析，认为长期工作中形成的工作习惯也属于职责与义务，另一方面认为被告人与其他证人均证实了被告人应当查看户口但没有审核户口的事实。从回应被告人姚某某的辩解看，第一方面更切题，第二方面仅是从证据体系上证实被告人没有履行职责这一事实的存在，而从被告人辩解看，其本人对于审核户籍资料的事实并不否认，其辩解的内容是因为没有书面规定，所以审核户籍资料的工作就不能成为其本人职责范围的一部分，所以从反驳应具有针对性的角度看，重点应放在为什么没有书面规定的户籍资料审核工作也属被告人的职责范围，而不是现有证据足以证明被告人没有进行审核户口的工作。而恰恰在这一方面，公诉意见的论述理由尚不够充分，仅从工作习惯分析，一个人长期从事某项工作一定有其授权主体与理由，虽然不是每项工作都必须有明文规定，但这项工作的履行一定是其单位主体红山办事处所必须行使的工作范畴之一，而在此范畴内，由哪个部门完成此项工作任务，通过书证、证人证言等一定能清楚地证实来龙去脉，这才是公诉意见必须阐述的重点与关键所在。

可见，该篇公诉意见在回应被告人辩解的过程中，并没有把握好核心与重点。公诉意见作为法庭辩论的第一轮发言，从立论的角度对案件的定性与证据体系进行整体概括的基础上，更需要对于庭审法庭调查阶段的焦点问题进行总结、归纳，从驳论的角度进行首轮发言，这时的发言不仅需要归纳问题提纲挈领，更需要反驳辩解切中要害，此时也不需要长篇阔论，因为要给第二轮辩论预留空间，但必须是"点睛之笔"，因为需要将对手的辩论空间压缩到最小，引起有效率的辩论并且潜在地掌控法庭辩论的进展。而如何拿捏，做到适当、有度，则是对公诉人的考验。

（一）基本案情

2011年4月，被告人芦某从老家来南京打工，与被害人吴某、吴某女友张某合租本市秦淮区瑞金北村36幢502室。芦某在陪同张某取款时，记住了吴某的银行卡密码。2011年12月31日，芦某趁吴某熟睡之机，窃得其银行卡，并持卡在本市秦淮区相关网点取款人民币4600元，之后逃离。

2012年1月2日，被害人吴某发现银行卡被人盗取，遂报案。同年1月4日，被告人芦某被民警抓获。

(二) 案件争议的焦点问题

侦查阶段后期及审查起诉阶段，被告人芦某均辩解系受张某指使实施犯罪。被告人究竟系一人作案还是与他人共同作案，是控辩双方争议的焦点。

(三) 公诉意见书

公诉意见书

被告人：芦某

案由：盗窃罪

起诉书号：白检诉刑诉〔2013〕39号

审判长、人民陪审员：

根据《中华人民共和国刑事诉讼法》第一百八十四条、第一百九十三条、第一百九十八条和第二百零三条的规定，我们受×区人民检察院的指派，代表本院，以国家公诉人的身份，出席法庭支持公诉，并依法对刑事诉讼实行法律监督。现对本案证据和案件情况发表如下意见，请法庭注意：

一、被告人芦某的行为构成盗窃罪，事实清楚、证据确实充分

根据我国刑法第196条第3款的规定，盗窃信用卡并使用的，依照刑法第264条的规定以盗窃罪处罚。上述条款中的"使用"应理解为按信用卡自身特有的功能加以利用。信用卡作为一种电子支付卡，具有消费支付、存取现金等功能，故盗窃信用卡并取现的行为应认定为"盗窃信用卡并使用"。盗窃数额根据行为人盗窃信用卡后取现的数额认定。根据我国刑法第264条的规定，盗窃罪是指以非法占有为目的，秘密窃取数额较大的公私财物的行为。主体是一般主体，主观方面为直接故意，且有非法占有的目的。客观方面表现为趁被害人不备秘密窃取。

在刚才的法庭调查中，公诉人围绕起诉书指控的内容，依法讯问了被告人芦某，并围绕本案事实出示了相关证据，这些证据都经侦查机关合法收集，客观真实，且经过当庭质证，均具有证明效力。户籍证明证实被告人芦某的身份信息，且其案发时已满十六周岁未满十八周岁，具备完全刑事责任能力。被告人芦某对其未经被害人同意，趁被害人睡觉之机持卡取现并躲避被害人的事实供认不讳，证实其有非法占有的主观故意。被告人芦某在侦查阶段前期的多次稳定供述、被害人吴某的陈述、吴某女友张某的证言及银行提供的取款录像等证据相互印证，证实被告人芦某趁被害人吴某睡觉之机，秘密窃取吴某放在包内的信用卡，后持卡以事先获得的银行卡密码取现的经过。被告人芦某在侦查阶段后期及今天庭审中均辩称，信用卡系吴某女友张某窃得，其受张某怂恿取现，赃款分成。其对上述辩解既无法作出合理解释，亦未提供其他证据佐证，暂不予采信。银行卡交易明细证实被告人芦某持窃得的信用卡取现的数额。被告人芦某指认盗窃及取款现场的照片证实盗窃作案的具体地点。发破案及到案经过证实被告人芦某系被抓获归案的情况。

上述所有出示的证据与证据之间、证据与所证明的事实之间相互关联、相互印证，形成完整的证据体系，客观、全面地证实了本院起诉书指控被告人芦某犯盗窃罪事实清楚、证据确实充分。

二、量刑意见

1. 我国刑法第264条规定：盗窃公私财物，数额较大的，处三年以下有期徒刑、拘役或者管制，并处或者单处罚金。江苏省根据《最高人民法院关于审理盗窃案件具体应用法律若干问题的解释》规定："盗窃公私财物价值人民币1000元以上的为数额较大，1万元以上的为数额巨大"。被告人芦某盗窃信用卡并使用，共计取现人民币4600元，系数额较大。

2. 被告人芦某案发时已满十六周岁、未满十八周岁，根据《中华人民共和国刑法》第十七条第一、三款的规定，应当从轻或者减轻处罚。被告人芦某归案后虽对部分事实有所辩解，但能如实供述主要犯罪事实，根据《中华人民共和国刑法》第六十七条第三款的规定，可以从轻处罚。

3. 被告人芦某系初犯，且案发后已经积极退赔被害人；在被采取取保候审期间，认真遵守取保候审相关规定，认罪、悔罪态度较好，可以酌情从轻处罚。

三、本案的社会危害性及引发的思考

这是一起普通的盗窃案件，被告人芦某因一时贪念盗窃他人信用卡并使用，给被害人造成了经济损失，她本人也将为此付出沉重的代价。随着今天庭审的结束，本案将告一段落，但引发案件的深层次原因却发人深省。处于花季年龄的被告人，本应当坐在明亮的教室里聆听老师的教诲，但却因为自己的无知和愚昧，站在了刑事审判的被告席。我们相信，今天参加庭审的每一个人都和她的家长一样，感到格外的心痛。我们既为她的犯罪感到愤慨，更为她的未来感到担忧。究竟是什么原因促使她走向犯罪的深渊？

"养不教，父之过"。家庭是未成年人成长的摇篮，而父母则是孩子的第一任启蒙教师。马克思说：在每一个生命呱呱落地时，都纯洁得像一张白纸。畸形成长，家长有不可推卸的责任。翻开芦某的简历，公诉人看到在芦某很小的时候父母就离异了，母亲远嫁，父亲外出打工，很少回来，根本谈不上对芦某的教育。与芦某接触过程中，芦某总是对其家境避而不谈。公诉人试图解开她的心结，但她只是低下头沉默。也许是她心中的怨和痛让她不敢轻易向外界倾诉。亲情的缺失和沟通的不畅，使得芦某自卑、孤僻。

"教不严，师之惰"。在家庭教育缺位的时候，学校教育实质上可以承担起更多的职能。然而现行的应试教育体制，重智育、轻德育。德育的低效性导致某些未成年人道德观扭曲。父母离异后，芦某长年和奶奶生活在一起。如今奶奶年事已高，无力辅导芦某，芦某的学业越来越吃紧，初中未毕业便辍学了。学校教育的缺位让芦某法律意识淡漠。

"昔孟母，择邻处"。社会能为未成年人提供什么样的发展环境和条件至关重要。随着手机、网络等媒介的快速发展，各种信息铺天盖地，不良思潮充斥其中。被告人芦某正处在青春期，这个年龄段孩子的人生观和价值观极易受到外界环境的影响。芦某辍学后外出打工，因为缺乏必要的职业培训，求职四处碰壁。交友的不慎和生存的压力，又让她债台高筑。债主逼上门来，父母久未联系。生活的困顿让这个城市的冬天更加寒冷。年关将至，想到奶奶还在家里翘首企盼，芦某迷失了。我们怒其不争也哀其不幸，她不是不珍惜生活，也不是不知道犯罪的邪恶，只是不劳而获在她看来是致富的最便捷渠道。

案发后，芦某的父亲也多次向公诉人了解案情，并积极与被害人联系争取被害人的谅解，希望可以对芦某从轻处理。还记得向芦某送达无逮捕必要不捕决定书时，芦某的父亲激动得热泪盈眶。情到深处难自禁。那一刻，公诉人真切地感受到，芦某父亲心中的痛彻。芦某，你的父亲一定是非常爱你的，只是疏于表达。公诉人希望，在以后的日子里，亲情的温暖永远拥抱你。

在此，公诉人想劝诫被告人：你还年轻，今后的人生道路还很长，只要你能迷途知返，幸福的大门永远向你敞开。我们期待着，你的亲人更期待着，从哪里跌倒再从哪里勇敢地站起来，重塑对生活的信心和追求，用自己的智慧、勤劳和汗水，缔造属于你的美丽人生。

青少年是祖国的未来、民族的希望，为青少年的成长和发展创造一个健康而有序的社会环境是全社会共同的责任，也是司法机关努力的方向。作为国家司法机关，检察机关在办理未成年人刑事案件中，始终坚持"教育、感化、挽救"的方针，维护青少年的合法权益，预防和减少未成年人犯罪也是我们不可推卸的责任。最后，公诉人呼吁：让我们一起行动起来，关爱青少年、保护青少年。

综上所述，起诉书认定本案被告人芦某的犯罪事实清楚、证据确实充分，依法应当认定被告人有罪。建议综合被告人芦某的法定和酌定的量刑情节及前面公诉人论述的本案的社会危害性，对被告人芦某在有期徒刑十个月至一年三个月期间量刑，并可适用缓刑，同时并处罚金。

公诉人：曲×
2013年2月28日当庭发表

（四）分析点评

本案是一起较为典型的盗窃信用卡并取现的案件，案件本身并不复杂。案发后，公安机关很快就锁定了被告人芦某，芦某在侦查活动前期多次稳定供述，其供述与其他相关证据相互印证，有力地证明了起诉书的指控成立。在庭审过程中，被告人对于自己的犯罪事实供认不讳。

为了证明被告人的犯罪行为，公诉意见开门见山，直切主题，从法律规定入手，点明盗窃罪的概念，然后分析案件证据，并得出被告人的行为符合法律规定的结论。这种通过归纳事实、分析证据最终得出案件定性虽是最传统的写法，但也是最清晰的写法。绝大多数的公诉意见都会采用这样的结构。对于事实清楚、证据确实充分的案件，运用这样的写作方法是最为恰当的。用最精准、最精练的语言归纳案件事实，用不同的证据种类共同指向同一犯罪事实的方法罗列案件证据，最终通过事实与证据、证据与证据间的相互印证关系，自然达到推断出唯一结论的目标。

但本案的被告人并不是没有任何辩解，在侦查阶段后期及庭审中，被告人均辩称系受他人指使实施犯罪，于是庭审的焦点问题由此产生，被告人究竟系一人作案还是与他人共同作案，成为控辩双方争议的核心问题。虽然这一辩解并不影响对于被告人芦某构成犯罪的认定，但却对量刑产生影响。因此，需要公诉人在法庭上明确表达观点，即本案是个人犯罪还是共同犯罪，如果还存在其他犯罪嫌疑人，也就表明公诉案件的指控存在质量问题。

该篇公诉意见充分关注了被告人的当庭辩解，并予以解释。"被告人芦某在侦查阶段后期及今天庭审中均辩称，信用卡系吴某女友张某窃得，其受张某怂恿取现，赃款分成。其对上述辩解既无法作出合理解释，亦未提供其他证据佐证，暂不予采信。"公诉意见认为被告人的辩解既无证据也不合理，所以暂不采信。但这样的答辩意见仅为结论，而缺少了论证的过程，被告人的辩解是什么？本案的证据是什么？本案中的被害人证实了什么样的事实，另一重要证人张某又是怎样陈述的？通过这些证据的分析能够得出什么结论？缺少了分析的过程，就无法让人信服，反而让人感觉公诉人太过武断。而该公诉意见在前述被告人构成盗窃罪的过程中已经采用罗列、简明的叙述方式，所以对于本案的基本事实与证据，旁听者所得到的信息是通过法庭调查的讯问与示证过程中，这些都是片断，在公诉意见中并没有详细展开，这时再对被告人辩解同样采用这样简单的叙述方式，就显得特别单薄。

无论是事实的归纳，还是证据的分析，最终都是为了服务于指控。该详则详，该略则略，详略得当，才是公诉意见中事实与证据阐述的精要所在。

二、证人翻证案件

案例：徐某受贿案

（一）基本案情

南京港第四港务公司是南京港（集团）有限公司下属的全民所有制企业。被告人徐某自2003年12月起担任第四港务公司工程技术部副经理，负责机械设备管理和物资采购供应等工作。2005年春节前至2013年春节期间，被告人徐某利用担任该公司工程技术部副经理的职务便利，为相关业务单位在物资供应、货款结算等方面提供帮助，先后收受6家相关业务单位的业务人员贿赂总计人民币81000元及有价证券3900元。

（二）案件争议的焦点问题

1. 如何区分受贿犯罪与正常的人情往来？
2. 证人证言发生变化时应如何采信？

（三）公诉意见书

公诉意见书

被告人：徐某
案由：受贿
起诉书号：栖检诉刑诉〔2013〕208号
审判长、审判员（人民陪审员）：

根据《中华人民共和国刑事诉讼法》第一百八十四条、第一百九十三条、第一百九十八条和第二百零三条的规定，我们受南京市栖霞区人民检察院的指派，代表本院，以国家公诉人的身份，出席法庭支持公诉，并依法对刑事诉讼实行法律监督。现对本案证据和案件情况发表如下意见，请法庭注意。

一、本院起诉书指控被告人徐某犯受贿罪的犯罪事实清楚，证据确实、充分

（一）已查明的事实足以认定被告人徐某犯受贿罪，且犯罪数额为人民币 84900 元

在刚才的法庭调查过程中，公诉人围绕起诉书指控，依法讯问了被告人徐某，询问了出庭作证的证人，出示了其他证人的证言，并提交了相关书证，上述证据均系侦查机关依法调取，具有真实性、合法性、关联性，以上证据能够相互印证，形成证据锁链，充分证实被告人徐某犯受贿罪，且受贿数额为人民币 84900 元。

1. 从主体方面看，被告人徐某符合受贿罪的主体要件。自 2003 年 12 月至案发前任南京港第四港务公司工程技术部副经理，在案的书证能够证明南京港第四港务公司系国有全资公司南京港（集团）有限公司的分公司，其性质为国有企业。因此，徐某属于国家工作人员，符合刑法中所规定的受贿罪的犯罪主体要件。

2. 从客观方面看，被告人徐某实施了受贿罪的客观行为。徐某自 2005 年至 2012 年长达 7 年的时间里，直接收受罗某等六人贿赂款 28 次，总金额为现金人民币 81000 元及有价证券 3900 元，在收受上述行贿人财物前后，接受行贿人的请托，利用其负责流动设备管理和物资采购供应，主要是日常设备的保养、更新，设备机械的修理、机械配件、物资、材料的对外采购等职务便利，为六名行贿人所在单位物资供应、货款结算等方面提供帮助、谋取利益，当庭证人也明确表示徐某曾帮助其进入招标范围。这一部分徐某本人在侦查阶段作出了有罪供述，同时也能得到各行贿人的证言支持。综上可以证实，徐某利用其职权为行贿人的业务往来提供职务便利。

3. 从主观方面看，徐某具有受贿罪的主观故意。综观本案的全部事实，在明知罗某、王某某等人系所在公司的业务人员，在知道该六人向其赠送钱物是为了业务上取得关照的情况下，仍然收受该六人给予的钱物，其主观上利用手中权力谋取个人私利的受贿目的昭然若揭。

4. 从客体上看，被告人徐某的行为侵犯了其职务的廉洁性。作为国家

工作人员，被告人徐某利用职务上的便利，非法收受他人财物，其行为侵犯了国家工作人员职务行为的廉洁性。

综上，从被告人徐某的主体身份和主客观方面及侵犯的客体方面看，其行为均符合我国刑法关于受贿罪规定的构成要件，构成受贿罪，其本人的受贿行为也给所在公司的正常业务开展、公平有序的市场竞争秩序、国家公务人员的职务廉洁性等方面带来了严重危害。

（二）证人的翻证没有合法理由，应当不予采信

证人陈某某、郑某某、王某当庭的陈述与其在本院反贪局询问时的陈述不一致，现有证据能够证实被告人徐某在取保候审期间曾与上述三人串供，该三人的当庭翻证没有合法理由，应当不予采信，理由如下：

1. 询问程序合法、有效。本院反贪局在查办徐某涉嫌受贿案过程中，曾向陈某某、郑某某、王某了解案情，在征得三人同意的情况下，对询问过程制作了同步录音录像，并将询问所形成的笔录均交由该三人仔细阅读，并签字确认，上述程序保证了对三名证人证言收集的程序合法，应认定该三人在自愿的基础上对案件事实作出了真实的陈述。在询问过程中，侦查人员曾明确问及徐某是否与陈某某等三人具有其他经济往来，徐某是否曾给过该三人财物，陈某某等三人的回答均是否定的，也就是说三人都证实了徐某在交往过程中并未给予该三人任何财物。然而今天的庭审过程中，陈某某等三人向法庭陈述徐某曾多次送给该三人人情礼金，上述证言内容与侦查阶段截然不同，当庭翻证，有必要分析前后证言的证据效力，来判断法庭采信哪一阶段的证言。

2. 被告人取保候审期间与证人串供。徐某系被取保候审，侦查机关在对其决定取保候审的同时已明确告知其不得伪造证据、不得干扰证人作证，但其在被取保候审的当天，即与妻子钱某某共同联系陈某某、郑某某、王某、王某某四人，要求该四人在反贪部门核实证据过程中，谎称未送给过徐某钱物或者将数额缩小，这一事实有徐某本人亲笔书写的具结悔过书、手机通话记录、证人王某、王某某的证言予以证实。现有证据充分证实了徐某案发后与陈某某等人串供的事实。

3. 证人翻证的理由不符合常理。陈某某等人当庭翻证的理由是没有听明白侦查人员询问的意思、忘记了徐某曾送过礼金给自己等，这些翻证理由仔细推敲都是有漏洞的，是站不住脚的，郑某某能记得自己送钱给徐某的事，而且相比其陈述的收取徐某礼金的时间更早，对于更早的事情能记得清楚，怎么就记不得事后发生的徐某送钱给自己的事呢？陈某某系中专文化、

王某系高中文化，而且常年经商，具有一定的理解判断能力，对侦查人员明确问道徐某是否曾送钱给其这样直接的问题，当庭却称没有理解侦查人员的意思，这是明显的物理翻证。基于上述分析，公诉人认为，上述人员当庭翻证，系受到了被告人徐某的干扰，有串供的可能性，证据效力低于侦查阶段所调取的证言，建议法庭不予采信。

二、被告人徐某应承担的刑事责任及量刑情节

（一）被告人徐某的行为触犯的法律

被告人徐某作为国家工作人员，利用职务便利，非法收受他人财物合计现金人民币 81300 元、有价证券 2900 元，其行为触犯了《中华人民共和国刑法》第九十三条、第三百八十六条、第三百八十三条第一款第（二）项的规定，构成受贿罪。

（二）被告人徐某的有关量刑情节

被告人徐某在接受调查期间，能够如实交代司法机关未掌握的大部分同种犯罪事实，根据最高人民法院、最高人民检察院《关于办理职务犯罪案件认定自首、立功等量刑情节若干问题的意见》，一般应当从轻处罚；在案发后，被告人徐某主动上缴违法所得 9 万元，体现了一定的认罪、悔罪态度，可以酌定从轻处罚。

三、本案引发的社会思考及被告人应吸取的教训

被告人徐某 1984 年自武汉水运工业学校毕业进入港四公司工作，到 2003 年担任工程技术部副经理，可谓是从最基层的技术员一步步成长为一名领导干部，自身的能力得到了提升，自身价值也得到了体现。但令人遗憾的是，被告人徐某没有珍惜自己的历史和荣誉，辜负了党和人民对他的信任，随着地位的变化、职务的升迁、权力的增大，开始把职务带来的权力变成了自己谋取私利的工具，最终蜕变为一名腐败分子，站在了今天的被告席上。被告人徐某腐化堕落的轨迹再一次警示我们，无论是谁，放松了世界观的改造，放松了思想道德修养，私欲膨胀，都有可能走上犯罪的道路。

在今天的庭审中，徐某虽然认可其收受相关钱物的事实，但不断辩称与陈某某等人存在人情往来，试图通过人情往来这一借口来混淆收受贿赂的事实。"人情往来"似乎也成了当下受贿犯罪躲避刑事制裁的"灵丹妙药"，2012 年原国足领队蔚某某认为自己的受贿是"人情往来"，今年温州的蔡某也将受贿标榜为"人情往来"。在此，公诉人需要告诫试图将"人情往来"当作贪腐犯罪遮羞布的人们，"人情往来"是人之常情，官员也是人，然而为官之人就该"戒酒戒色戒贪欲，律己律妻律子女"，牢记自己的责任，切

莫让贪欲膨胀被有心人利用,莫用"人情往来"麻痹自己,一旦伸手必被捉,到那时一句"人情往来"不可能成为免罪金牌。

我国目前正处于全面深化改革的关键时期,然而,在经济建设的大潮中,少数腐败分子却视党和国家的利益于不顾,视人民群众的要求于不顾,在经济建设中大搞权钱交易。为了获取不义之财,丧失了党性,泯灭了良知,不择手段,疯狂攫取,从国家领导干部一步步沦为金钱的奴隶、经济的蛀虫。腐败分子渎职弄权、聚敛钱财的行为不仅损害了党和国家的利益,伤害了人民群众的感情,更败坏了党风国风,造成了极大的社会危害。"千里之堤,溃于蚁穴",如果任由腐败分子为所欲为,我们的党将会丧失广大人民群众的支持,我们的社会主义建设事业将会毁于一旦,长此以往,国将不国。综上,我院将被告人徐某交付法庭审判,以他走向犯罪的沉痛教训再次告诫人们警惕金钱的腐蚀,做到警钟长鸣。

综上所述,起诉书认定本案被告人徐某犯受贿罪事实清楚,证据确实、充分,依法应当认定被告人有罪,并建议对被告人徐某在有期徒刑五年到六年之间量刑,可以并处没收财产。

公诉人:王××

2013 年 7 月 27 日当庭发表

(四)分析点评

"收受贿赂"与"人情往来"在受贿犯罪中,是常见的争议之一。但受贿犯罪中大部分行贿证人当庭集体翻证,却不多见。对于主要以言词证据定案的受贿犯罪而言,庭审的难度可想而知,如何归纳总结法庭调查阶段的争议焦点,在发表公诉意见时有理、有据地阐述清楚,对公诉人而言确实是一大考验。

证人翻证的情况千差万别,如果公诉人在庭前已经做了充分的准备,那么当庭发表公诉意见时,必须阐明以下事实:本案发生了证人翻证的现象、证人翻证的现象已经查明不客观、证人发生翻证的原因、证人以往证言应当采信、全案的证据体系足以认定。

该篇公诉意见在第一部分定性分析时分两小节进行了论述。一是从全案的证据、事实出发,对被告人应当构成受贿罪的理由进行了阐述。二是从证人当庭翻证的合理性出发,从程序事实的角度分析了证人翻证的理由不成立。这两个部分逻辑关系紧密。

从证人翻证的事实看,是反映曾经与被告人之间存在人情往来,从翻证的理由看,是反映之前没有听清楚侦查人员的问话,自己记忆上出现了问题,忘记了被告人曾送给自己礼金。从证人翻证的时间看,是在被告人被检察机关采取取保候审期间、该案正式开庭之前。而在庭审之前,经公诉人调查已查明,在被告人取保候审期间,被告人曾私自联系四名证人,要求四名证人在检察机关核证过程中,改变以往证言,即被告人与四名证人之间在庭前存在串供现象。

公诉意见主要从三个方面对证人翻证的情况进行了说明:一是认为侦查人员询问的程序合法,二是指出被告人与证人存在串供事实,三是阐述证人翻证不符合常理。所以不论从翻证的理由还是翻证的事实看,证人翻证均不能成立。

公诉意见在所论述的第三方面"证人翻证不符合常理"部分,充分应用了逻辑法则与经验法则,从常情、常理、常识出发,从前后语言的逻辑性判断,对证人翻证理由不成立做出了很好的回应。如"证人郑某某能记得自己送钱给徐某的事,而且相比其陈述的收徐某礼金的时间更早,对于更早的事情能记得清楚,怎么就记不得事后发生的徐某送钱给自己的事呢?"陈某某系中专文化、王某系高中文化,而且常年经商,具有一定的理解判断能力,对侦查人员明确问道徐某是否曾送钱给其这样直接的问题,当庭却称没有理解侦查人员的意思,这是明显的物理翻证。

程序合法是确保证据合法、有效的前提。侦查人员在取证过程中,必须确保证人在自愿的基础上对案件事实作出真实的陈述。公诉意见认为"侦查人员在查办被告人涉嫌受贿案过程中,曾向陈某某、郑某某、王某三名证人了解案情,在征得三人同意的情况下,对询问过程制作了同步录音录像,并将询问所形成的笔录均交由该三人仔细阅读,并签字确认,上述程序保证了对三名证人证言收集的程序合法"。从证据种类上,公诉人当庭提交了由三名证人签字确认的笔录,同时还有对形成笔录过程的同步录音录像。这些证据与证人自愿作出陈述之间的分析判断需要进一步明确,即证人与被告人之间是否存在人情往来,公诉意见进一步指出"在询问过程中,侦查人员曾明确问及徐某是否与陈某某等三人具有其他经济往来,徐某是否曾给过该三人财物,陈某某等三人的回答均是否定的,也就是说三人都证实了徐某在交往过程中并未给予该三人任何财物。"通过该段论述,表明在侦查阶段三名证人并未陈述与被告人之间存在人情往来的事实。于是公诉意见得出结论"今天的庭审过程中,陈某某三人向法庭陈述徐某曾多次送给该三人人情礼金,上述证言内容与侦查阶段截然不同,当庭翻证,有必要分析前后证言的证据效力，来判断法庭采信哪一阶段的证言。"这一结论指出必须对前后证言发生变化的证据效力进行分析。

三、被告人翻供或不供

案例：马某某等故意伤害、寻衅滋事案

（一）基本案情

1. 故意伤害。2012年10月5日凌晨，被告人马某某、刘某与徐某某、孙某（均另案处理）等人在高淳区淳溪镇栗园路大排档用餐期间，与邻座葛某某、被害人刘甲等人因琐事发生言语争执。因刘甲拿出砍刀挥舞并谩骂，被告人刘某、马某某与徐某某遂在孙某的指使下，分别持匕首、矛尖捅伤刘甲胸腹部，致其肝脏破裂。经鉴定，刘甲的肝脏损伤构成重伤。

2. 寻衅滋事。孙某因对同做土方生意的被害人汪某某不满，遂于2012年10月4日纠集被告人马某某与徐某某等人，驾车至安徽省狸桥镇奉国村上东组河东街30号汪某某住处，找到汪某某并欲将其带走。因见汪某某反抗，徐某某持匕首威胁，被告人马某某等人持双截棍对其殴打，致其头部等处受伤。

被告人刘某、马某某分别于2012年10月23日、2012年11月5日被抓获归案。

（二）案件争议的焦点问题

被告人辩解在侦查阶段遭受刑讯逼供，有罪供述系非法证据。

（三）公诉意见书

公诉意见书

被告人：马某某、刘某
案由：寻衅滋事、故意伤害
起诉书号：高检诉刑诉〔2013〕75号
审判长、人民陪审员：
根据《中华人民共和国刑事诉讼法》第一百八十四条、第一百九十三条、第一百九十八条和第二百零三条的规定，我们受南京市高淳区人民检察院的指派,代表本院,以国家公诉人的身份,出席法庭支持公诉,并依法对刑事诉讼实行法律监督。

为进一步揭露犯罪,弘扬法治,现对本案定罪、量刑发表如下意见,供合议庭合议时参考:

一、本案事实清楚,证据确实、充分,对被告人马某某应当以故意伤害罪、寻衅滋事罪定罪处罚,对被告人刘某应当以故意伤害罪定罪处罚

(一)被告人马某某、刘某的行为已构成故意伤害罪

根据《中华人民共和国刑法》第二百三十四条的规定,故意伤害罪是指故意伤害他人身体,导致轻伤以上后果的行为。

本案中,认定被告人马某某、刘某捅伤他人的证据包括二被告人的供述和辩解、非同案被告人徐某某的供述,能够证实各自持械殴打被害人。证人王某某的证言证实刘某等人围殴被害人的事实,且对刘某进行了辨认。证人葛某某、赵某某等人证实了案发原因以及案发经过,病历资料、鉴定意见等证实了被害人三处伤势及肝脏破裂重伤的情况。

这些证据均由侦查机关依法收集取得,证据来源合法,证据之间能够相互印证,证实孙某等人与葛某某等人发生争执,在孙某的指使下,马某某、刘某、徐某某共同持械殴打被害人致被害人重伤的事实。

被告人马某某辩解否认持械捅伤被害人的事实,并提出第一次讯问笔录系在派出所遭受刑讯逼供而作出,该辩解不具有合理性。第一,可以排除第一次讯问笔录系非法证据。通过刚才的法庭调查,第一次讯问笔录的地点系在看守所,并非在派出所。入所体检表也证实其身体健康状况正常。第二,被告人马某某在庭前的多次供述系在看守所内进行,没有刑讯逼供的条件,且多次供述稳定一致,均承认其持械捅伤被害人。第三,被告人马某某的有罪供述能得到其他证据的印证,证据之间能够形成证据锁链。

综上,被告人马某某、刘某与徐某某共同持械捅伤被害人的事实清楚、证据确实充分,应当以故意伤害罪定罪处罚。

(二)被告人马某某的行为构成寻衅滋事罪

根据《中华人民共和国刑法》第二百九十三条及相关司法解释的规定,具有持械随意殴打他人情节的,应当按照寻衅滋事罪定罪处罚。

本案中,被告人马某某的供述和辩解、非同案被告人徐某某、孙某的供述和辩解能够相互印证,证实被告人马某某与多人持械随意殴打被害人,并致被害人头部受伤的事实。这些供述和辩解能够得到被害人和相关证人证言的印证,证实被告人马某某与他人持械共同殴打被害人的犯罪事实。

综上，对被告人马某某与他人持械随意殴打他人，应当以寻衅滋事罪定罪处罚。

二、对二被告人的量刑建议

1. 根据刑法第二百三十四条规定：故意伤害他人身体的，处三年以下有期徒刑、拘役或者管制。犯前款罪，致人重伤的，处三年以上十年以下有期徒刑。

被告人马某某、刘某因琐事与他人发生言语争执后，在他人指使下，持毛尖、匕首捅伤被害人刘甲胸腹部，致其肝脏破裂，经鉴定，伤势构成重伤。被告人马某某、刘某的行为触犯了刑法第二百三十四条的规定，构成故意伤害罪。归案后，被告人刘某能如实供述自己的犯罪事实，系坦白。被告人马某某虽然认罪，但是对其持械伤害被害人的行为未能如实供述，无悔罪之意，建议酌定从重处罚。综上，建议对二人在有期徒刑4年至5年之间量刑。

2. 根据刑法第二百九十三条规定："有下列寻衅滋事行为之一，破坏社会秩序的，处五年以下有期徒刑、拘役或者管制：（一）随意殴打他人，情节恶劣的……"根据司法解释的规定，持械随意殴打他人，属于情节恶劣的情形。

被告人马某某与他人共同持械随意殴打被害人汪某某。其行为符合寻衅滋事罪第一款第（一）项的规定，属于随意殴打他人情节恶劣的行为，构成寻衅滋事罪。其归案后，能如实供述自己的犯罪事实，系坦白。综上，建议对其在有期徒刑一年至二年之间量刑。

三、本案的社会危害性以及引发的思考

一个正常的用餐，一个生活中无法避免的口角碰擦，因为什么，让被害人承受身体伤害，让被告人面对审判。分析二被告人站在被告席上的原因，公诉人认为有以下几点：

一是被告人个人主义膨胀，目无法纪。被告人马某某、刘某随身携带匕首等管制刀具。在公诉人问及为什么随身携带时，回答说是防身。随身携带管制刀具已经是违法行为，在与他人发生纠纷后，用携带的刀具实施犯罪行为。

二是没有正确的交友观。被告人马某某、刘某均在朋友与他人发生争执后，听从朋友的指使，实施犯罪行为，丧失基本的是非观。朋友，原本应该可以分担困难、分享喜悦，这是"近朱者赤"；在这里却成了被告人身陷牢狱的导火线，这是"近墨者黑"。希望二被告人好好反省，什么才是真正的朋友，应该结交什么样的朋友。

三是好逸恶劳、贪图享乐。二被告人都出生于八十年代，从学校走向社会后就没有什么正当的职业，也不愿意从事需要辛苦劳作的工作，却跟在所谓的朋友后面打打杀杀，混混日子。正是这样不正确的价值观、人生观，才是二被告人走上犯罪道路的根本原因。

社会交往中，我们无法避免与他人发生摩擦和矛盾，作为一个理智、守法的公民，我们应当冷静、妥善地处理问题和纠纷，理性、平和地与其他社会成员共处。所谓退一步海阔天空，送人玫瑰手留余香。试想，被告人如能多一份理智、多一份理解，并不是任由自己的脾气和行为，就不会造成今天的后果。

以上公诉意见供合议庭参考。

公诉人：陈××

2013 年 4 月 18 日当庭发表

（四）分析点评

该案所涉及的罪名在司法实践中较为常见，案件事实也较为简单。但被告人马某某在审查起诉阶段就开始翻供，并提出侦查机关非法取证的辩解。排除非法证据、进行证据分析和说理、马某某是否构成犯罪成为庭审的焦点。

公诉意见对于被告人的有罪供述是否系非法证据从三个方面进行了分析，"第一，第一次讯问笔录的地点系在看守所，入所体检表也证实其身体健康状况正常。第二，被告人马某某在庭前的多次供述系在看守所内进行，没有刑讯逼供的条件，且多次供述稳定一致，均承认其持械捅伤被害人。第三，被告人马某某的有罪供述能得到其他证据的印证，证据之间能够形成证据锁链。"从分析的内容上看，公诉意见立足讯问地点合法、讯问地点无刑讯逼供的条件以及证据体系一致进行论证，从排除非法证据所需关注的细节来看，比较充分。但结合本案对于排除非法证据的相关材料以及公诉意见中应如何合理安排论证顺序来看，该意见还可以从以下几个方面予以进一步完善。

首先，从论证非法证据排除的证据种类上看，为证明侦查人员取证的合法性，可以调取看守所入所健康体检表，查明犯罪嫌疑人入所时的身体健康状况；可以审查有罪供述书面材料及同步录音录像，查明侦查人员取证地点及方式是否合法；可以询问看守所医生与同监房的其他人，查明是否存在伤情及具体情况。以上证据材料越充分,则排除非法证据的理由越充分。所以,在该篇公诉意见中还可以进一步论述审查同步录音录像的基本情况等,以此驳斥被告人的辩解。

其次,从论证非法证据排除的布局结构上看,这一部分的内容不宜放在全案证据体系的分析之后。因为在对全案证据体系进行分析的过程中,一定需要引用被告人的供述和辩解,而能够采信的前提就是被告人的供述符合证据特征,其合法性、客观性与关联性不容置疑。所以,在进行证据体系的整体分析之前,首先需要对单个证据的属性进行论述。可见,在该篇公诉意见中,第一部分中的叙述顺序应当做适当调整,将排除非法证据部分的论述放在前面,先对单个证据的合法性进行充分的阐述,再对全案证据体系进行分析,则布局结构更为合理。此外,在排除非法证据论证的具体展开顺序上,第一点中"入所体检正常"与"多次供述地点系在看守所内"系两个方面的问题,可以分两点分别深入阐述,更为恰当。

该篇公诉意见对二被告人的量刑建议单独成段,详细论述,这是实践中通行的一种做法,这样的目的是更能体现公诉机关的求刑权。从具体写法上,公诉意见将二被告人分罪名分别结合刑法的具体规定、二被告人法定与酌定的量刑情节进行分析,但对被告人的量刑建议部分并不单单仅为单个罪名的提出建议,而必须考虑数罪名之间的关系,即数罪并罚之后的综合情形。而这一点,对于公诉意见而言,是绝对不能疏漏的。

案例:湛某某非法侵入住宅案

(一)基本案情

2008年4月至2010年1月间,被告人湛某某为实施盗窃,从武汉坐火车来南京,采取撬门入室等方式,分别非法侵入本市居民李某、甘某、金某、童某、熊某五户住宅,后公安机关分别在被害人李某等五户住宅内提取到被告人湛某某的指纹。2013年4月,被告人湛某某被公安机关抓获归案。

(二)案件争议的焦点问题

本案被告人作案时间长,证据薄弱,到案后拒不供述,能否认定其构成非法侵入住宅罪。

（三）公诉意见书

公诉意见书

被告人：湛某某
案由：非法侵入住宅
案号：玄检诉刑诉〔2013〕228号
审判长、人民陪审员：

今天，玄武区人民法院在这里公开开庭审理被告人湛某某非法侵入住宅一案，根据《中华人民共和国刑事诉讼法》相关规定，我受×区人民检察院的指派，代表本院以国家公诉人的身份，出席法庭支持公诉，并依法对刑事诉讼进行法律监督。在刚才的法庭调查中，公诉人围绕被告人湛某某非法侵入住宅的犯罪事实和情节，依法讯问了被告人，宣读出示了被告人供述、被害人陈述、书证、勘验笔录、鉴定意见等多份证据，均经当庭质证，由法庭记录在案，具有证明效力。现对本案事实和证据情况发表如下意见，请法庭注意。

一、被告人湛某某的行为构成非法侵入住宅罪，依法应受刑法处罚

非法侵入住宅罪是指未经权利人允许，非法强行闯入他人住宅，影响他人正常生活和居住安宁的行为。

第一，从构成要件符合性来看，被告人湛某某非法进入的地点均是李某等五名被害人的住宅。

我国刑法中规定的住宅是指用于为人提供日常生活起居、寝食之用的场所，是一般社会普通人称之为家的地点。至于住宅的结构、形式如何，则在所不问。同时住宅并非要求居住者一定要时刻居住在内，才能够成为住宅，即使居住者暂时或者被侵入时不居住其间，只要该场所事实上承担了为他人提供日常生活起居或寝食之用的功用，就构成刑法意义上的住宅。住宅具有极大的私密性，他是一个权利人自由操控的空间和场所，空气、蚊虫可以进入，但即便国王未经允许也不能够随便进入他人住宅，这是人类文明和进步的标志。侵入住宅的他人是并非生活在住宅中的人，包括住宅所有权人、对住宅有居住或出入权利的人，以及暂住在某住处的人。本案中，被告人湛某某为了实施盗窃非法进入的正是李某等五名被害人的"家"，这里的家就是上述五名被害人日常生活起居的场所，五名被害人在其中正常生活、寝食，五名被害人也将其称之为他们的家,这里具有普通人称之为家的一切条件,上述五名被害人的住宅就是我国刑法所保护的住宅。

第二,从行为的违法性来看。根据我国刑法规定,非法侵入住宅罪保护的法益是他人个人权益中的居住平稳和安宁。如果行为人实施了未经他人许可的进入行为即构成对他人住宅的侵害。此种侵入必须具有非法性,不存在一定的违法阻却事由,即不存在基于法令行为、紧急避难行为或者得到居住者允许的情况。本案中,被告人湛某某并不是上述五名被害人的朋友,也没有任何的违法阻却事由,为了实施盗窃进入他人住宅,其行为本身就是违法的。对犯罪事实被告人湛某某今天当庭供认不讳,且有被害人陈述、刑事案件受案登记表、现场勘验笔录及对其现场提取到的指纹的鉴定相互印证,能够认定被告人湛某某在未得到五名被害人允许的情况下强行侵入他人住宅的犯罪行为。

第三,从有责性来看。非法侵入住宅罪的责任形式为故意,即明知自己侵入他人住宅的行为侵害了他人的住宅安宁,并且希望或者放任这种结果的发生,这里就要求行为人必须要明知自己侵入的是他人住宅。本案中,被告人湛某某为了实施盗窃行为,主观上明知是他人居住的住宅场所而多次非法侵入,该种侵入行为破坏了他人正常生活的安宁和居住的平稳。

综上,被告人湛某某的行为构成非法侵入住宅罪,依法应受刑法处罚。

二、本案的社会危害性及引发的思考

"风能进、雨能进、国王不能进"、"每个人的家都是自己的一座城堡",这是现代社会对于个人权利的一种共识,住宅是个人居住、生活的场所,具有极强的私人属性,是公民最安全、最隐秘、最独立的天地,是私人生活的载体,未经权利人允许不得私自进入。今天站在被告席上的湛某某也应该有这种共识和意识,在他人未得到被告人允许的情况下,私自强行进入被告人的住宅,就像刚才被告人回答公诉人的问题一样,是不可能允许别人私自进入的。但就是在被告人明知是他人住宅的情况下,为了实施盗窃,未经允许私自强行进入他人住宅,破坏了他人居住的安宁权和居所的私密性,给他人的生活带来了诸多不便,侵犯了他人对于个人信息的控制权、个人生活的自由权和私人领域的占有权。被告人湛某某的行为已经严重侵害了上述五名被害人的正常生活,扰乱了五名被害人家的生活安宁,给被害人造成了一定的心理创伤。

试想,在座的各位闲暇时间正在家中和家人生活、聊天、休息,突然强行闯入了一个陌生人,我们是何感受?如果说今天的社会还对这种强行闯入他人住宅的行为视而不见,那我们的法治进步和人权保障又从何谈起?公民的正常生活又如何保障?在这个私权膨胀的年代,任何侵犯公民法定权利的行为都应当受到法律的制裁。被告人湛某某的行为给他人的正常生活和身心健康造成的恐慌和损害是无法估量的。

法网恢恢,疏而不漏。今天站在被告席上的湛某某在作案的当时也许没有想到时隔数年仍然被绳之以法,最终对于自己的行为承担刑事责任。通过今天的庭审,希望被告人湛某某能够汲取教训,在今后的生活中努力学得一技之长,摒弃不劳而获的思想,认真做人,争取早日回归社会、回归家庭。

三、对本案的量刑意见

被告人湛某某构成非法侵入住宅罪,依法应处三年以下有期徒刑。公诉人提请合议庭注意,本案在量刑时仍有以下情节需要合议庭予以考虑:

1. 被告人湛某某在归案后并未如实供述,在侦查机关的供述前后反复,先说偷了一次,后说偷了两次,今天庭审,在有大量证据的情况下,其承认了起诉书指控的犯罪事实。

2. 被告人湛某某从2008年至2010年期间,即开始不远千里乘坐火车来南京,多次侵入他人住宅,对他人的住宅安全构成严重侵犯。

3. 被告人湛某某多次非法进入他人住宅,其目的均系为了实施盗窃,为了达到非法占有他人财物的目的。

4. 被告人湛某某为了实施盗窃,多次采用撞门等破坏性的手段进入他人住宅。

鉴于上述情节,建议法庭对其判处有期徒刑一年至一年半。

审判长、人民陪审员,公诉意见发表完毕,请合议庭采纳。

公诉人:周××

(四) 分析点评

本案的特点是案件跨度时间长,证据相对单薄。本案中,自2008年至2010年间,被告人湛某某为了实施盗窃曾先后多次来到南京。虽然案发后,被害人均及时报案,但从第一次作案到被抓获归案,却是在时隔六年之后,被告人湛某某对于其犯罪行为均供称记不清了,唯一能够锁定被告人的直接证据仅有现场遗留的被告人的指纹,证据相对孤立和单薄。在庭审阶段,公诉人充分运用法庭调查阶段讯问、示证环节,给被告人造成强大的心理压力,直至在面对公诉人所出示的指纹鉴定结论时,被告人对自己的犯罪事实终于当庭予以供认。于是在法庭辩论环节,公诉人发表公诉意见,在第一部分定性分析时,略去了大量对被告人辩解予以驳斥的篇幅,而是从犯罪的特征,从构成要件的符合性、犯罪行为的违法性以及有责性等方面进行深刻的理论阐述,在法理阐述的同时,对案件事实与证据进行分析。特别是针对庭前证据薄弱的问题,公诉意见指出"被告人湛某某今天当庭供认不讳,且有被害人陈述、刑事案件受案登记表、现场勘验笔录及对其现场提取到的指纹的鉴定相互印证,能够认定被告人湛某某在未得到五名被害人允许的情况下强行侵入他人住宅的犯罪行为"。既对全案的证据体系进行了全面的归纳,同时又点明了被告人的当庭态度,较好地解决了证据薄弱可能带来的指控风险,顺利地化解了庭前的争议焦点。可见,公诉意见在整个庭审过程中绝不是孤立存在的,法庭辩论阶段与法庭调查阶段也绝不是独立存在的两个阶段,在被告人拒不供述的情况下,公诉人出庭的重心应放在法庭调查阶段,在法庭讯问中充分揭露矛盾,在证据示证环节充分展示全案的证据,以完整地将案件的客观事实呈现在法庭与听众面前,在法庭调查结束后,如果被告人改变供述,承认了犯罪事实,那么就可以围绕定性分析进一步说理与论证,而如果被告人仍然拒不供认,则可以通过前一阶段的证据再进一步作系统的分析,进一步巩固指控。

此外,该篇公诉意见在法庭教育环节对被告人犯罪行为的社会危害性进行了评价,并对旁听群众进行了现场教育,对被告人也进行了教育。对于庭审教育如何表达,不同的公诉人会有不同的表达方法,但总体思路一定是围绕有效预防犯罪的大目标,以特殊预防为基础,结合一般预防,即从实证观点出发,通过个案的预警确实能够起到预防效果。我们提倡公诉意见的语言必须是理性与感性的结合,但"多维"用语的前提是公诉意见的语言表达不论是理性还是感性,都应当是最恰当的,结合旁听群众的身份特点,通过字斟句酌,最符合当下公诉意见的语境的。该篇公诉意见中,在表述被告人行为的违法特征时,表述为"在这个私权膨胀的年代,任何侵犯公民法定权利的行为都应当受到法律的制裁""如果说今天的社会还对这种强行闯入他人住宅的行为视而不见,那我们的法治进步和人权保障又从何谈起,公民的正常生活又如何保障?"这两段话中的"私权膨胀""法治进步"都太过于夸张、太过于渲染,既超出了我们对于"感性"的定义,也不符合我们对于"理性"的基本要求。

案例：李某某合同诈骗案

（一）基本案情

2008年2月至3月间，被告人李某某通过《江苏科技报》进行虚假报道，虚构其已获得"永动机"发明专利的事实，对外谎称投资"永动机"样机制造能产生经济效益，以巨额的投资回报为诱饵，骗取被害人汤某的信任。2008年3月26日，被告人李某某在南京市建伟大厦与被害人汤某签订了《合作开发动力技术合同》，约定选择李某某所谓申请专利的"转子环磁动力机""水往高处流"两项"永动机"技术进行合作，由被害人汤某出资，被告人李某某在两个月内造出两台"永动机"样机。

2008年4月至5月间，被害人汤某分五次付给被告人李某某100万元用于研制"永动机"样机，其中14.9998万元被李某某转入其女儿李甲账户用于炒股，39.997万元被李某某转入其名下证券账户用于炒股，45万元被其通过银行账户直接提现。

2011年9月22日，被告人李某某在南京市石鼓路十二钗会所被侦查机关抓获归案。

（二）案件争议的焦点问题

被告人作无罪辩解时，应当如何展开论述？

（三）公诉意见书

公诉意见书

被告人：李某某

案由：合同诈骗

起诉书号：鼓检诉刑诉〔2013〕191号

审判长、审判员、人民陪审员：

根据《中华人民共和国刑事诉讼法》第一百八十四条、第一百九十三条、第二百零三条和《人民检察院组织法》第十五条之规定，我们受南京市鼓楼区人民检察院的指派，代表本院，以国家公诉人身份，出席法庭支持公诉，并依法对刑事诉讼实行法律监督。为更好地履行公诉人的职责，阐明公诉人的观点，揭露犯罪行为的社会危害性，有利于合议庭依法正确判决，现就本案发表如下公诉意见，请合议庭评议时予以充分考虑：

一、规范、完整、合法的证据体系，准确、全面、有效地证实了被告人李某某合同诈骗的犯罪事实

在法庭调查中，公诉人出示的六大组证据已将被告人李某某在实施合同诈骗前精心设计、合同诈骗时非法占有、合同诈骗后隐匿罪证的全过程完整地呈现在今天的法庭上，达到了事实清楚、证据确实充分的标准。

1. "永动机"违背科学公理，合同条款不具有可履行性。大量科普书籍与物理学方面的权威专家苏福庆、陈贤杰、任阵海等人的证言都证实了"永动机"违背能量守恒定律，自然界的一切物质都具有能量，能量有各种不同的形式，可以从一种形式转化为另一种形式，从一个物体传递给另一个物体，在转化和传递过程中能量的总和保持不变。作为19世纪三大发现之一的能量守恒定律，使"永动机"的神话被彻底打破，让欺骗者不攻自破。因此，被告人李某某与被害人汤某于2008年3月26日签署的研发"永动机"的合同，违背了自然科学规律，合同内容不具有可履行性，合同约定的3000万元的投资回报更注定是镜中花、水中月，毫无实现可能。历史上也曾出现过形形色色的"永动机"骗局，李某某谎称的浮力永动机、磁力永动机、势能永动机等只不过是其中的抄袭、复制、翻版、克隆，并无新意，是利用了被害人科普知识的匮乏，诈骗钱财。

2. 签订合同前精心设计，虚构获"永动机"专利的事实。根据《中华人民共和国专利法》及实施细则的规定，专利初审仅是形式审查，只审查申请材料是否齐全、格式是否规范，初审后必须经过实质性审查，具备实用性、新颖性和创造性才能授予专利；通过初审既不等于获得专利，也不代表专利局认可申请人的技术成果。被告人李某某利用被害人不知情，抓住被害人急迫产生经济收益的心理，在与被害人签订研发合同前两天，一方面集中申请14项"永动机"专利，同时将完全相同的申请材料换个名称重复申请，造成其拥有很多技术成果的假象；另一方面通过《江苏科技报》进行虚假报道，虚构已获得"永动机"发明专利的事实，混淆通过专利初审和获得专利的法律概念，将通过初审与获得专利画上了等号，误导社会公众。被害人汤某正是主要基于李某某虚构获得"永动机"发明专利的事实而上当受骗，说明本案是经过精心设计、环环相扣的故意犯罪。

3. 研发资金被用于炒股，拿道具样机掩盖犯罪行为。根据银行凭证证实的资金走向，被害人汤某支付的100万元资金没有被用于研发活动，全部被用于炒股和提现。在明知公安机关刑事立案后，具备多年刑侦工作经历的李某某提供了大量白条凭证，私自单方委托审计师事务所进行虚假资金审核，造成资金被用于研发活动的假象。一是被告人李某某所提资金被用于建实验室、聘请专家的辩解完全被证据排除，证人尹某某的证言证实其没用资金在宅基地上建实验室，证人刘某某的证言证实其没有用资金聘请科技部专家。二是被告人李某某拿到北京进行专家评议的势能动力机并非研发成果，结合《江苏科技报》的报道及证人张某的证言，该势能动力机在与汤某签订合同之前已经存在，直接证实了钱款没有被用于研发活动；经专家认定该势能动力机只是磁铁和铁块组成的简陋支架，违背能量守恒定律，不可能产生能源。三是其在世博会上展示的"水往高处流"样机既非发明创造，也非科研成果，工艺极其粗糙、原理极其简单，根本不是其专利申请描述的源源不断产生清洁能源的高科技装置，隐蔽的动力来源是李某某本人在演示过程中不断的提水、倒水作用，再利用高处水的压力和冲力将极少量的水压到高处，早在三国时期古人就用此法带动水车提水，既非永动机也非科研成果，在现代社会已毫无利用价值。因此，专家证言、物理学著作、专利申请材料等证据足以证实被告人李某某所称的"势能动力机""水往高处流"并非发明创造，无法产生能源，没有任何科技价值和实用价值，只是掩盖犯罪行为的道具样机。

4. 伪造大量证据材料，干扰办案试图逃避法律惩处。被告人李某某在取保候审期间，在早已经缴纳专利审查费的情况下，于2012年12月21日申请将两项专利撤回，时隔5天之后再重复申请专利，让"转子环磁""水往高处流"两项专利一直处于申请状态，避免合同约定的"转子环磁""水往高处流"两项专利被国家专利局驳回的法律后果，掩饰其申请专利就是为诈骗钱财的目的和动机。在案件进入审查起诉阶段后，被告人李某某通过复印专家签名，伪造北京评议会"专家评定意见"，对专家意见进行篡改、捏造，颠倒黑白、混淆视听；同时李某某还提交了"低碳贡献奖""专利价值评估报告""高级工程师证书""两弹一星联合文件"等大量证据材料，欲证实其拥有势能和永动机技术，但经过司法机关的调查核实，上述材料均系伪造。另外，虽然被告人李某某提供了媒体宣传报道资料和世博会千年金奖证书，但上述材料无法证明李某某展示的"水往高处流"符合科学原理，世博会千年金奖颁奖单位系普通的民间组织，颁奖过程未经过科学的论证程序，没有含金量、权威性和证明力，并不代表世博会官方机构认可李某某的"水往高处流"技术。因此，被告人李某某一系列的造假行为，也能从侧面印证其根本不拥有、不掌握势能及永动机技术。

综上，被告人李某某基于非法占有的主观故意，通过签订、履行合同的方式，虚构获得永动机专利、投资永动机样机研制能产生巨额经济效益的事实，使被害人汤某陷于错误认识，进而骗取汤某财物，根据主客观相一致的定罪原则，其行为完全符合合同诈骗罪的构成要件，应当以合同诈骗罪追究其刑事责任。尽管被告人李某某为自己的合同诈骗行为披上"专利研发""样机制造"等诸多伪装的外衣，但不管犯罪手段如何隐蔽、花样如何翻新，我们应当抽丝剥茧，牢固把握其行为攫取私利的实质，透过现象看本质，加强打击力度。

二、被告人李某某精心策划，乱发谬论，招摇撞骗，手段隐蔽，后果严重，法不容恕，应依法予以惩处

1. 关于被告人李某某犯罪行为的社会危害性

十多年前曾喧闹一时的"水变油"是一场伪科学进行诈骗的闹剧，其实稍有科学知识的人都知道，化学反应前后原子的种类不变，水中的氢、氧元素是不可能变为汽油中的碳元素的，其理论依据是质量守恒定律。今天被告人李某某谎称发明了不需要任何能源能让汽车跑起来、能让发电机转起来的"永动机"，其实稍加判断我们就会发现这和"水变油"的骗局如出一辙，其理论依据是能量守恒定律。李某某借助部分缺乏公德心媒体的肆意渲染，给自己戴上了发明永动机的"民间科学家"光环，以达到迅速敛财的目的，其行为既严重侵害了被害人的合法财产权益，又混淆视听干扰正常的舆论宣传和文化教育，更不利于国家的科技进步和创新发展。

2. 关于被告人李某某应当承担的刑事责任

（1）法定量刑情节。被告人李某某的行为已触犯了《中华人民共和国刑法》第二百二十四条第（五）项的规定，根据此条款规定，合同诈骗100万元属于数额巨大，依法应判处三年以上十年以下有期徒刑，并处罚金。被告人李某某曾因故意犯罪被判处有期徒刑，刑罚执行完毕后五年内再犯应当判处有期徒刑以上刑罚之罪，根据《中华人民共和国刑法》第六十五条第一款的规定，系累犯，应当从重处罚。

（2）酌定量刑情节。一方面被告人李某某认罪态度不好，刚才公诉人已经通过充分的证据揭穿了其一个又一个谎言，但其仍然百般掩饰，甚至捏造侦查人员、公诉人收受被害人贿赂的事实，当庭对公诉人进行人身污蔑，说明其毫无悔罪表现，主观恶性较深，可以酌情从重处罚；另一方面被告人李某某提交大量伪造的证明材料，试图干扰司法机关办案，意图逃避法律惩处，可酌情从重处罚。

综合被告人李某某合同诈骗的金额、犯罪情节、认罪态度、累犯情节、无退赃行为，建议对其判处有期徒刑六年至八年，并处罚金；同时建议法庭对其实施合同诈骗行为的道具"水往高处流"样机予以没收销毁。

三、被告人李某某走上犯罪道路的心理历程及带给我们的启示

被告人李某某具有多年的刑侦警察的工作经历，但是其没有珍惜自己的工作，在2003年就因为犯合同诈骗罪被判处有期徒刑五年，出狱后并没有对自己所犯罪行进行深刻反省，而是继续挖空心思，打着"科学研究"的旗号继续招摇撞骗，尽管其所述理由冠冕堂皇、犯罪手段极为隐蔽，可是"法网恢恢，疏而不漏"，只要我们秉承科学精神和科学方法，一定能揭露、批判和制止伪科学诈骗行为，让通过伪科学诈骗钱财的犯罪分子原形毕露、无处藏身。被告人李某某知法犯法，一而再、再而三地走上经济犯罪的道路，已经充分说明其藐视国家法制权威，好逸恶劳，将追求财富建立在严重侵害他人财产权益的基础上，给被害人造成了无法弥补的经济损失。其从一名警察蜕变成刑事被告人，走到今天的地步，完全是其人身观、价值观、财富观扭曲变形的必然结果。另外，"永动机"、"水变油"、"神医治病"等伪科学大行其道，愚弄百姓，诈骗钱财，屡试不爽，这也暴露了当前社会科学普及工作的缺陷和疏漏，亟须提高群众的科普意识，提高社会大众对江湖骗术和伪科学的辨别能力。李某某案件，既不空前，短期内也不可能绝后。不管时代如何发展，但相同的罪恶依然可以在时间长河中顽抗，这也说明除了社会根深蒂固的愚昧无知、急功近利的盲从心理外，我们的法治建设依然还有诸多值得反思的地方。在一个法治真正健全的社会，伪科学没有生存的土壤。要对伪科学打响一场"法治战"，真正用法治的力量来压缩伪"专家""神医"们牟取钱财的空间。伪科学，自古存在，但不应该让其继续存在。如果把科学进步当作伪科学灭绝的基础，那么法治建设就应当成为伪科学灭绝的"催化剂"，让法治还社会一片纯净的色彩。反对伪科学的征程任重道远，人人有责。

被告人李某某，如果你是一个有良知的人，应该为自己的行为忏悔！

以上公诉意见，请合议庭根据本案的事实、情节和被告人的认罪态度，综合考虑，予以采纳，对被告人依法作出公正判决。

审判长，公诉意见发表完毕。

公诉人：顾××
2013年12月13日当庭发表

（四）分析点评

本案系"零口供"案件，被告人一直辩称自己没有虚构事实，没有非法占有目的、其所从事的是科学研究、已经制造样机、本案属于合同纠纷。本案系涉及物理学专业知识的案件，被告人设计的骗局中涉及磁力永动机、水力永动机、弹力永动机等，要充分拆穿其骗局，必须依据能量守恒定律、磁场库仑定律、阿基米德定律、牛顿力学等物理学专业知识，这就要求公诉人必须熟知物理学知识，唯有如此才能揭露骗局。本案还是一起被告人具有较强反侦查能力的案件，被告人曾在公安机关专门从事刑事侦查工作，其实施合同诈骗犯罪行为经过精心策划、作案手段隐蔽，给案件的侦查取证与出庭公诉带来重重困难。

公诉意见的第一部分仍然是全篇的重中之中，被告人作无罪辩解，案件争议的最大焦点就是被告人行为的属性，是涉及刑事犯罪的合同诈骗还是民事行为的经济合同纠纷。从合同诈骗罪认定的构成要件看，公诉人必须要论证清楚合同是否可履行、被告人是否有实际履行的行为、被告人是否具有履行能力、资金去向等问题。解决了这些问题，才能得出被告人是否构成犯罪的结论。

公诉意见从事实论述出发，以物理学的基础理论作论据，首先对于被告人所提出的"永动机"技术的不可实现性进行了驳斥；然后，从专利法的相关规定出发，论证了被告人虚构获得专利的事实；最后，论述了被告人实施犯罪过程中的资金走向以及伪造证据、干扰办案的事实。

从直接论证的角度，该篇公诉意见对于被告人构成合同诈骗罪论证完整、论据充分，具有较强的针对性。但从对被告人无罪辩解驳斥的有效性上看，公诉意见仍有进一步完善之处。本案的焦点问题集中在刑事犯罪与民事行为之争，如果通过说明两者的区别，并结合案件事实、证据与相关学科知识进行充分论证则可以进一步提升其论证的有效性。

合同诈骗与经济合同纠纷在法律上有明确的介定，从客观行为到主观目的，两者之间都有着显著的区别。从客观行为上看，前者行为的本质在于骗取对方当事人的财物，后者行为的本质则是市场经济行为；从主观目的上看，前者是以签订合同为名，达到非法占有对方当事人财物的目的，而后者中的当事人则无此目的。对于主客观要素的介定则需要通过考察行为人是否具有履约能力、是否有履约行为、对财物的处置情况、事后态度以及不履约的原因分析来体现。所以，除进行犯罪构成要件的论述外，利用合理的布局，或在开篇先从刑事、民事行为的本质特征出发，清楚介定两者的区别，再结合案件事实对被告人的行为进行全面分析,或先对被告人的行为进行分析,再提炼出被告人行为的本质特征,最后点明刑事、民事行为的区别点,则可以更为清晰与充分地驳斥被告人的辩解,也更为鲜明地体现公诉的指控立场。

此外,合同诈骗罪是普通诈骗罪的特殊形态,如何理解"合同",是区分两罪的关键,也是体现合同诈骗罪特点的关键要件之一。所以,对于合同的内容、形式、特征等方面也应进一步阐述。

案例:陈某某等人非法拘禁案

(一)基本案情

被告人陈甲与陈某某系父子,被告人高某某系陈氏父子的朋友。陈甲与高某某均曾借款给被害人贾某某的父亲贾乙,并长期不能索回。陈某某得知后也参与帮助父亲向贾乙索要债务。2013年6月7日7时许,为向贾乙索要债务,陈某某、陈甲、高某某以及刘某某(系陈甲妻子)在南京市江宁区秣陵街道挪威森林小区南门附近,将正欲至学校参加高考的贾某某拦住,并将贾某某带至小区边巷子的树下、贾某某位于挪威森林小区8幢301室的住处,要求贾某某提供其父母的联系方式或联系其父母,被告人陈甲等人对被害人贾某某实施殴打,致贾某某未能参加当日上午的语文考试,并对其参加其他科目的考试产生了不利影响。至当日10时许,贾某某被公安机关解救。

(二)案件争议的焦点问题

部分被告人不认罪,否认其存在限制被害人自由,并对被害人实施殴打的犯罪事实,能否认定其构成犯罪。

(三)公诉意见书

公诉意见书

被告人:陈某某、高某某、陈甲
案由:非法拘禁
起诉书号:江宁检诉刑诉〔2013〕588号
审判长、人民陪审员:

根据《中华人民共和国刑事诉讼法》第一百八十四条、第一百九十三条、第一百九十八条和第二百零三条的规定，我们受×区人民检察院的指派，代表本院，以国家公诉人的身份，出席法庭支持公诉，并对刑事诉讼活动依法进行监督。下面公诉人结合本案的证据发表如下公诉意见，供法庭参考：

一、被告人高某某等三人实施了非法限制被害人贾某某人身自由的行为

尽管被告人高某某否认限制贾某某人身自由。但该辩解与案件其他参与人供述以及被害人贾某某陈述存在矛盾。

被告人陈甲以及证人刘某某二人均承认限制了贾某某人身自由，并谈到了贾某某称考试要离开、中间有逃跑被高某某追回的表现。其中陈甲还供述其打了贾某某、贾某某有呼救。被告人陈某某虽之前称贾某某是配合他们索要贾乙联系方式，但当庭其供述也承认称贾某某实际是想离开的。

被害人贾某某称自己被拦截时有呼救、被殴打，提出要考试试图离开，中间趁不备逃跑被抓回按在草地上，此后被带到其家里。

上述证据公诉人已经在法庭调查阶段出示并经法庭质证，应予采信。根据上述证据，陈某某、陈甲、刘某某三人供述与被害人贾某某陈述基本一致。三人所讲的找到你父母就让你去上学、考试的说法，隐含的就是不提供父母联系方式就不让你走的意思。并且，高某某也谈到了贾某某有跑的情况，其所讲的贾某某跑开后又坐到草地上的情况，与其他人所讲矛盾且与常理不符。故公诉人认为，本案证据能够证实各被告人实施的是非法限制被害人人身自由的行为。

二、被告人高某某等三人非法限制他人人身自由的行为应以非法拘禁罪定罪处理

《刑法》第二百三十八条规定的非法拘禁罪，是指非法限制他人人身自由的行为。对于非法限制他人人身自由达到什么样的程度即构成本罪，司法解释未进行明确。一般认为，非法拘禁超过24小时，非法拘禁时使用械具、捆绑等恶劣手段或实施殴打、侮辱、虐待行为，非法拘禁三人次以上、非法拘禁造成被害人轻伤以上后果等情形的，构成本罪。本案中，三被告人在非法拘禁的行为中，具备以下情节：

1. 限制被害人人身自由过程中实施了殴打被害人的行为

被告人高某某、陈某某否认殴打贾某某，但他们未能对贾某某面部伤情进行合理解释。被告人陈甲承认自己在小区门口拦到贾某某后打了其一记耳光。被害人贾某某也称被拦截后先后被陈某某、陈甲各打一记耳光。刑事摄影照片中能够看到贾某某右眼睑及右眼睑下方有伤。公诉人在法庭出示的这些证据足以证实被害人被殴打事实的存在。

2. 客观上造成了贾某某无法参加高考语文考试的直接后果

根据公诉人在法庭调查阶段出具的被害人陈述、证人证言以及书证准考证等证据,确定被害人贾某某当日确实要去参加高考。而南京市公安局江宁分局提供的发破案经过证实被害人贾某某被公安机关解救的时间是10时许。显然,此时贾某某已经无法再去参加当日上午的语文考试。

看待一个行为是否应当用刑法进行评价,除了行为符合刑法规定的构成要件这个形式要件之外,还必须满足具备社会危害性这个实质要件。公诉人之前已经分析论证了三被告人的行为系非法拘禁的性质,确定了三人行为已经具备了犯罪的形式要件。下面,公诉人将围绕本案具有殴打行为和造成被害人不能参加高考考试这两个情节来论证三人的行为具备了犯罪的实质要件:

首先,在非法限制他人人身自由过程中,对被害人实施了殴打、侮辱等行为,本身已经说明行为人的行为已经达到较为严重的程度。

其次,客观上造成被害人无法参加高考考试的危害后果,足以引起刑法的评价。高考,在公诉人父辈、乃至公诉人这一代人心目中都是一个神圣的字眼。说起高考,大家耳熟能详的肯定有一个个鲤鱼跳龙门、千军万马过独木桥的故事。即使是高校扩招、出国留学越来越普及的今天,高考仍然是千千万万家庭视为至关重要的一件事。想想学生十二年挑灯苦读、想想家长为了给孩子创造一个良好的受教育环境的殚精竭虑、想想居高的学区房价、雨后春笋般的培训班、高考三天的全城戒备,大家或多或少都在经历着。

公诉人讲这么多,不是说推崇高考是多么的重要,而是想强调高考对一个苦读了十二年书的学生、一个准备了十二年的家庭来说是最不能剥夺的权利。三人行为的后果,要么使得被害人无法考取更为理想的学校,要么使得被害人及其家庭再付出一年光阴,还要面对更为不确定的未来。审判长、人民陪审员,以及三被告人,这样的后果与被限制自由24小时相比,与被人一顿老拳相比,与人格受到一些侮辱相比,孰轻孰重。相信大家的结论是一样的,显然是前者重。既然如此,拘禁他人超过24小时、殴打侮辱被拘禁者等行为应以非法拘禁罪处理,面对本案,刑法又岂能无动于衷!

综上,三被告人的行为均构成非法拘禁罪,应当判处三年以下有期徒刑、拘役、管制或者剥夺政治权利。其中被告人陈某某认罪,可以酌情从轻处罚,有多次前科,应酌情从重处罚,建议对其判处有期徒刑六个月到一年六个月。被告人高某某不认罪,酌情从重处罚,建议判处有期徒刑六个月到一年六个月。被告人陈甲认罪,可酌情从轻处罚,有殴打行为,应从重处罚,建议对其判处有期徒刑六个月到一年六个月。

三、关于本案的一些想法

无论大家愿不愿意,这个案件已经因为媒体的报道而引起广泛的关注和思考。今天,公诉人在法庭上也想跟大家谈谈公诉人对本案的一些认识。

1. 这起案件中没有胜利者。分析案件的起因,本案区别于索债型非法拘禁案件,本案的三名被告人为了索要债务,非法限制了债务人孩子的人身自由。这样以身试法的结果只能是两败俱伤:被害人贾某某无辜遭受了其人身中的一次重大打击,危害必将进一步扩展到其家庭;被害人父亲逃脱不掉自己的经济债务,还要新背上更为沉重的良心债;三被告人没有要到借出去的巨额债务还要接受法律的审判,特别是被告人陈甲,其本身的钱也是向他人借来的,现在的情况下,陈甲要把钱还给债权人,肯定更为困难。本案的发生,无论是社会还是案件的当事人,都没有从中获取任何一点利益,哪怕是违法的利益。因此,本案没有胜利者。

2. 维护正当权利是应该的,但采取不正当的手段维权,除了殃及无辜,自己也将丧失道德和法律的高点,沦为世人指责的对象。"人之初,性本善",相信没有人生来就喜欢干损人不利己的事情。本案的三被告人中,陈某某和陈甲是父子关系,父亲借出去的钱要不回来儿子帮助去要,被告人高某某也没有前科劣迹。公诉人相信,三被告人拘禁被害人肯定是有其无奈为之的理由。确实,三人与被害人贾某某的父亲之间存在债权债务关系,三人曾经为了向贾乙索要债务也做了各种努力。如果故事仅仅到此,三被告人将占据道德和法律的高点。但是,三人为了实现自己的权利,没有再尝试用法律的武器来保护自己,而是选择了针对无辜的孩子实施违法的行为,从而沦为了被告人。善恶只在一念间,即使目的正当,如果不择手段,说不定就会是作恶。

3. 欠债、躲债、追债,我们能为这样的死循环做点什么。欠债还钱天经地义。然而,看看各家法院每年审理那么多的债权债务纠纷,我们就能知道,欠债不还的大有人在。甚至我们还给这类人起了一个形象的名字——老赖。对于老赖,法律规定了可以司法拘留,符合特定情节的还可能构成拒不执行判决裁定罪,除此之外,老赖们肯定还会在参与社会经济活动时受到各种限制,比如不能乘坐飞机、向社会公布名单、不能住豪宅等。即便如此,欠债—躲债—追债,这样猫和老鼠的戏码每天都在上演。公诉人认为,这与法律缺少威信、社会缺失诚信有着密切的联系。就如三被告人所讲的,我们知道通过法院起诉赢了官司最后也拿不到钱。为了避免这样的悲剧再次发生,法律如何树立威信、社会如何建立诚信,也是迫切需要大家思考并付诸努力的。

公诉人　姚××
2013 年 8 月 1 日当庭发表

（四）分析点评

在共同犯罪案件中,存在部分供认犯罪事实、部分否认犯罪事实的案件很常见,在这类案件中,如何通过公诉意见,先声夺人,确定指控重心,是公诉人必须解决的重点问题之一。

本案被告人高某某自侦查阶段开始,就一直否认自己存在非法拘禁的犯罪事实,既不承认自己限制被害人的人身自由,也不承认自己有殴打被害人的行为。确立本案三人共同实施犯罪行为的事实,必须首先解决高某某实施了犯罪行为的认定问题。该公诉意见的结构采用了事实证据—定性分析—法庭教育的体系,就是从事实基础开始,着眼先通过证据驳斥被告人的辩解,向旁听观众展示案件的客观事实。

在证明被告人高某某存在犯罪事实的证据体系中,公诉意见列举了同案被告人陈甲、陈某某的供述,证人刘某某的证言以及被害人的陈述。"被告人陈甲以及证人刘某某二人均承认限制了贾某某人身自由,并谈到了贾某某称考试要离开、中间有逃跑被高某某追回的表现。其中陈甲还供述其打了贾某某、贾某某有呼救。被告人陈某某虽之前称贾某某是配合他们索要贾乙联系方式,但当庭其供述也承认贾某某实际是想离开的。被害人贾某某称自己被拦截时有呼救、被殴打,提出要考试试图离开,中间趁不备逃跑被抓回按在草地上,此后被带到其家里。"这样,有多人证实案发情况,既包括本案的被害人陈述,也包括同案其他被告人的供述,能够较为全面、客观地认定被告人高某某的犯罪行为。但就这一部分如何表述得更准确,该篇公诉意见尚有需要完善之处。例如公诉意见仅列举了各诉讼参与人的证词,但对各不同身份的诉讼参与人所共同证实的被告人高某某的行为没有进行归纳与小结,公诉意见提到"根据上述证据,陈某某、陈甲、刘某某三人供述与被害人贾某某陈述基本一致"。但四人证词所共同证实的内容即本案的犯罪事实是需要公诉人此刻进行总结的。此外,在这一部分中,公诉人全部围绕针对被告人高某某的辩解在进行反驳与论证,但结论部分却是"公诉人认为,本案证据能够证实各被告人实施的是非法限制被害人人身自由的行为。"而自始至终,旁听观众都没有听到关于其他两名被告人犯罪行为的任何内容。另外,公诉意见指出"高某某也谈到了贾某某有跑的情况,其所讲的贾某某跑开后又坐到草地上的情况,与其他人所讲矛盾且与常理不符。"但并未展开具体论述,矛盾在哪里?与常理不符具体又体现为什么?使人听了感觉既不完整,又缺乏说服力。

事实与证据,是我们提起公诉、认定犯罪的基础所在,当一件案件中出现事实与证据之争的时候,只有多花一些时间,将其阐述清楚,将根基打牢,才能在之后的定性分析部分论述得更为从容与到位。

第三节 彰显个性化特征

在我们办理的案件中,有一部分案件因为社会影响重大,或因为受到媒体炒作而受到社会大众的持续关注,还有一部分案件因为被告人是特殊主体,或因为被害人是特殊主体,在发表公诉意见时需要关注其特殊性。所以,诸如因特殊背景或特殊主体,个案与个案之间的差异与区别也由此产生。对于此类案件制作公诉意见的重中之重,尤其需要把握情、法、理的有效统一。

一、未成年人案件

案例:周某某寻衅滋事案

(一) 基本案情

2012年11月至2013年2月间,被告人周某某等人在浦口区乌江镇等地持械殴打他人、多次任意毁损他人财物。案发后,被告人周某某于2013年3月24日被公安机关抓获归案。

(二) 案件争议的焦点问题

被告人周某某系未成年人,如何发表公诉意见?

(三) 公诉意见书

公诉意见书

被告人：周某某

案由：寻衅滋事

起诉书号：浦检诉刑诉〔2013〕529号

审判长、审判员（人民陪审员）：

根据《中华人民共和国刑事诉讼法》第一百八十四条、第一百九十三条、第一百九十八条和第二百零三条之规定，我受×区人民检察院的指派，以国家公诉人身份，依法出席法庭公开审理的被告人周某某寻衅滋事一案，支持公诉，并依法对刑事诉讼实行法律监督。在刚才的法庭调查中，公诉人围绕本案的事实、情节（依法讯问了被告人），出示了本案的被告人供述和辩解、证人证言以及相关书证等证据。以上证据经过当庭质证，均具有证明效力。

以上证据来源客观、合法，证据与证据之间能够相互印证，形成完整的证据链，客观、全面地证实了本院起诉书对被告人周某某的指控成立。现就本案发表以下公诉意见，请合议庭注意：

一、被告人周某某的行为构成寻衅滋事罪

第一，被告人周某某主观上具有寻衅滋事的故意。周某某供述自己认识魏某后，听其统一指挥，在浦口区乡镇的小饭馆、浴室内摆放老虎机挣钱，如遇阻挠，要么砸老虎机，要么打人。该供述与同案证人魏某等人的证言能够相互印证，证实其与魏某等人保持思想统一，对于多次任意毁损他人财物、随意殴打他人的行为具有主观上概括的故意。

第二，被告人周某某客观上有持械随意殴打他人、多次任意毁损财物的行为。周某某供述均能与多名现场证人、同案证人证言相印证，证实其伙同他人，于2013年1月14日在浦口区乌江镇周云村砸坏老虎机6台，持械无故殴打2名被害人的事实。

第三，被告人周某某与他人共同寻衅滋事的行为系共同犯罪。周某某对案件的基本事实和定性没有异议，但其辩解称"我与魏某等人一起带着铁棍砸了一家面馆的一台老虎机，但我当时没进去"。所以认为不应认定该笔事实。公诉人认为这是周某某对定性理解的偏差，应当认定该笔事实。理由如下：首先，从主观上分析，周某某具有概况的故意。在魏某统一要求下，其已经明知自己案发当天是来共同寻衅滋事的，因此，并不需要在每次行为之前都要与同案犯进行言语间的交流，主观上已具备了共同参与该笔事实的主观认识。其次，根据共同犯罪"一人既遂，共同既遂"的理论，周某某于同一天与魏某等人一起多次任意砸坏他人老虎机，在砸"西北面馆"之前和之后都有实际动手行为，其虽然在"西北面馆"没有实际动手，但其携带铁棍与众人一起到达现场，没有有效阻拦，在概况的授意下，属于共同参与的行为，因此应当认定该笔事实。

综上所述，被告人周某某的行为已经触犯《中华人民共和国刑法》第二百九十三条第一款第（一）、（三）项的规定，构成寻衅滋事罪。

二、相关量刑情节和量刑建议

寻衅滋事罪的法定刑为五年以下有期徒刑、拘役或者管制。被告人周某某曾因寻衅滋事，于2012年2月26日被行政拘留十日不予执行，有劣迹，可以酌情从重处罚；周某某犯罪时已满十七周岁、不满十八周岁，应当从轻或者减轻处罚；周某某被公安机关抓获后，如实供述自己的罪行，虽然其对部分行为性质有辩解，系对法律的理解偏差，因此认定坦白，依法可以从轻处罚。综上所述，建议对被告人周某某以寻衅滋事罪判处有期徒刑六个月至八个月。

三、法庭教育词

今天，被告人周某某寻衅滋事一案在浦口区人民法院公开审理，其将因自己的犯罪行为承担相应的刑事责任，公诉人将就本案发表如下公诉意见：

首先，我们来谈一谈本案的社会危害性。未成年人是一个独特的社会群体，未成年人犯罪也是一个特殊的社会问题，从大了讲关乎国家的稳定和民族的未来，从小了讲关乎一个家庭的稳定和幸福。通过我们近几年办理的案件看，未成年人犯罪呈现出了年龄低龄化、方式团伙化、目标特殊化、手段成人化、危害严重化的趋势，而本案已完全表现出了前四项特征。虽然在本案中，周某某没有造成巨大的财产损失和人员伤亡，但是寻衅滋事罪本身不仅侵犯了他人的人身、财产权益，而且扰乱社会公共管理秩序，严重妨碍个人利益及社会安定团结。我们暂且不将本罪定性为"危害严重化"，但是"千里之堤，溃于蚁穴"，如从源头不填漏补缺，从小不把控自身节操，从现在不及时悬崖勒马，今后必将酿成大祸。

其次，我们来分析一下被告人周某某走上犯罪道路的原因。周某某曾因寻衅滋事被行政处罚过，但却不思悔改，最终陷入犯罪深渊，这样一名花样少年为何频频触犯法律？追根溯源，主要有以下三方面原因：一是亲情温暖缺失，造成教育监管不力。周某某年幼时父母离异，母亲一人将其抚养长大，兼顾在外打工，无法长期伴其左右，因长期缺乏父母关爱，遭受旁人冷眼，没有得到良好的引导教育，性格逐渐扭曲。二是法制意识淡薄，导致处罚效果不力。周某某曾被行政处罚拘留十日，但因系未成年人而对其从宽处理，未予实际执行。因其法制意识淡薄，不但没有及时悔悟，反而认为自己小打小闹不会受到任何处罚，从而使得法律的人性化设置对其形同虚设，没有达到处罚的目的。三是自身交友不慎，养成不劳而获恶习。周某某在自身的成长过程中，结交了一些社会闲散人员，崇尚拜金主义，整天游手好闲，从开始的违法行为，到现在身陷囹圄接受刑法考量。

  再次，我想对被告人周某某的母亲说几句。周某某系家中独子，年幼时因你与其父亲离异，从小由你一人将其抚养长大，虽然你想通过更多一些的疼爱来弥补周某某父爱的缺失，但是疼爱不能溺爱，在原则问题上应该把握坚持，不能放松。今后，你特别需要加强对其的监管教育，将其扶上正轨，步入正途。

  最后，公诉人想对被告人周某某说，做人要学会感恩。一是感恩母亲。她一人含辛茹苦将你养育长大非常艰辛，希望你今后能够吃苦耐劳，通过自己的双手和智慧获得劳动报酬，报答母亲的养育之恩。二是感恩社会。在我们办案期间，司法机关多次到你家所在的小区走访调查，发现社区一直在为你判处非监禁刑积极创造监管条件，付出了许多辛苦努力，希望你不要辜负他人对你的一片良苦用心。三是感恩生活。作为一名年轻人，我们都会对生活怀揣梦想，但是生活所给予你的并不仅仅是回馈，更多的是为了回馈而付出的磨练，"天下没有免费的午餐"，你只有保持艰苦奋斗的精神，才可能驶向成功的彼岸。正所谓"浪子回头金不换"，公诉人希望通过今天的庭审，你能够真诚悔罪，从此以后踏实做人，学法守法，把握好改正的机会。

  审判长，公诉人遵照以事实为根据、以法律为准绳发表的上述公诉意见，请合议庭在评议时，根据被告人的犯罪事实、性质、情节和社会危害性程度，依法作出判决。下面公诉人将听取被告人的意见，并予以答辩。公诉意见发表完毕。

公诉人：史×
2013 年 12 月 12 日当庭发表

（四）分析点评

该案被告人周某某实施犯罪行为时系不满18周岁的未成年人，所以，对于未成年人案件，应当遵循特别程序的要求，实行教育、感化、挽救的方针，坚持教育为主、惩罚为辅和特殊保护的原则。在严格遵守法律规定的前提下，按照最有利于未成年人和适合未成年人身心特点的方式进行，充分保障未成年人的合法权益。

该案的庭审焦点有两个：一是被告人对于部分犯罪事实的定性存在争议，认为这部分犯罪事实不构成犯罪。二是对于被告人系未成年人的案件，在庭审过程中应如何进行法庭教育。公诉意见充分把握了这两个焦点问题，层次分明地进行了论理与教育。

在公诉意见的第一部分，公诉人从三个方面论述了被告人周某某的行为符合寻衅滋事罪的构成要件。从主观到客观，从整体阐述到具体分析，并针对被告人"与魏某等砸一家面馆的老虎机时，自己没有进去，所以该笔事实不能认定"的辩解，展开了论述。公诉意见将被告人周某某的主观故意介定为概括的故意，是基于对于被告人在犯罪期间多次参与寻衅滋事犯罪的分析，并引用"一人既遂，共同既遂"的共同犯罪认定标准，对于客观行为的完成进行了论述。法理引用准确，但叙述还不够明晰，主要是基于本案的被告人系未成年人，对相关刑法学原理，成年人都不能完整理解，更何况是心智未成熟的未成年人。所以，对于此类案件，对于刑法学原理的论述，可以更细致些，先解释概念，再分析案件，最后得出结论。本案中，就需要首先解释什么是概括的故意，什么是"一人既遂，全体既遂"的犯罪理论，再结合案件事实进一步分析论证，有利于充分保障未成年被告人的权益。

在审判环节，充分保障未成年被告人权益的另一方面是法庭教育部分，这一部分要求公诉人围绕案件的社会危害性、被告人犯罪原因、成长经历、案件特点等方面进行当庭教育。在这部分，公诉意见做了有益的探索，进行了较为充分完整的论述，并且在教育的过程中，充分考虑了受众，在对未成年个人犯罪原因剖析的基础上，对于被告人法定代理人不正确的教育方式也进行了疏导，这是本篇公诉意见的亮点，也是很多公诉人容易忽视的问题。需要完善的是，在结构层次方面稍显凌乱，若能采用层层递进的方式，从自身原因到家庭原因最终至社会原因深入分析，由表及里，对其未来回归社会的教育亦从个体到家庭最终至全社会的关爱，则会更为深刻与全面。

未成人案件的量刑情节分析与量刑建议是当庭发表公诉意见的重要部

分,在这一部分,公诉意见必须结合被告人的法定与酌定量刑情节进行量刑分析与建议,既包括自首、坦白、立功、从犯以及未成年人的法定情节,还包括有无前科、认罪悔罪态度等酌定情节,在此基础上作出宣告刑的建议,同时更为重要的是,对于被告人能否适用缓刑,更需结合社会调查报告,作出适当的建议。与成年人案件不同,成年人案件需要公诉人更多地关注指控与控诉职能,未成年人案件则需要未检检察官更多地关注教育与挽救功能,所以,《人民检察院办理未成年人刑事案件的规定》第59条明确规定:"对于具有下列情形之一,依法可能判处拘役、三年以下有期徒刑,有悔罪表现,宣告缓刑对所居住社区没有重大不良影响,具备有效监护条件或者社会帮教措施、适用缓刑确实不致再危害社会的未成年被告人,人民检察院应当建议人民法院适用缓刑……"从该规定看,缓刑建议是未成年人刑事检察官当庭必须履行的工作职责之一,而从该案以及实践中大量的未检案件看,对于符合提出缓刑建议的案件,很多公诉人并没有当庭主动向法庭建议,而是待辩护人提出相关建议后同意辩护人意见,或者直接作出较为模糊的回应,而这些与办理未成年人案件的基本要求是不相符的。所以,在该案符合缓刑建议的条件下,公诉人未向法庭提出合理建议,不能说是一大疏漏。

二、特别复杂的共同犯罪案件

案例:蒋某权组织、领导、参加黑社会性质组织案

(一)基本案情

2009年6月至2012年11月,被告人蒋某权先后成立南京苏敛投资管理有限公司、南京贵杰投资管理有限公司,以经营公司为幌子,实际以个人名义对外发放高利贷谋取非法利益。期间,被告人蒋某权纠集一批社会闲散人员,逐渐形成了较稳定的犯罪组织。该组织人数众多,有明确的组织、领导者,骨干成员基本固定。其中,被告人蒋某权为组织、领导者,统管组织内所有事务;被告人谢某、翟某宝为骨干成员,负责带领组织成员从事违法犯罪活动;被告人孙某、徐某、李某东、王某男及刘男(另案处理)等人参与该组织不法活动。为便于管理,该组织先后租用本市玄武区长江路9号A3幢1318室、本市秦淮区雅居乐18幢3单元801室作为组织成员活动地点,并规定组织成员随传随到、有事请假等纪律。

为维持组织的生存和发展,该组织通过对社会不特定多人发放高利

贷，获取高额非法利息；以延期付息需要支付违约金或者收取上门费等名义，采取对借款人敲诈勒索等手段获取经济利益，具有一定的经济实力。该组织以暴力、威胁等手段有组织地多次进行违法犯罪活动，涉及抢劫罪、敲诈勒索罪、故意伤害罪、非法拘禁罪等犯罪和多项违法活动，严重危害他人的人身安全、财产安全，破坏了正常的社会秩序，在一定区域内产生了恶劣影响。

（二）案件争议的焦点问题

七名被告人均不认罪，对各自参与实施的各项犯罪均有异议，认为本案事实不清、证据不足。

（三）公诉意见书

公诉意见书

被告人：蒋某权、谢某、翟某宝、孙某、徐某、李某东、王某男

案由：组织、领导、参加黑社会性质组织、抢劫、敲诈勒索、故意伤害、非法拘禁

起诉书号：秦检诉刑诉〔2013〕0348号

审判长、审判员、人民陪审员：

×区人民法院在这里依法公开开庭审理由本院提起公诉的蒋某权、谢某、翟某宝、孙某、徐某、李某东、王某男组织、领导、参加黑社会性质组织等一案，根据《中华人民共和国刑事诉讼法》第184条、第193条、第198条、第203条之规定，我们受×区人民检察院的指派代表本院，以国家公诉人的身份，出席法庭支持公诉，并依法对刑事诉讼实行法律监督。

三天的法庭调查中，公诉人针对起诉书指控的犯罪事实分别讯问了八名被告人，并围绕起诉书指控的犯罪事实、情节向法庭出示了各被告人的供述、被害人陈述、证人证言以及借条、报警记录等证据，并对证据的来源和证明的内容作了必要的分析和说明，还认真听取了各名被告人及其辩护人的质证意见。三天的法庭调查结果表明，本案各项证据来源合法、内容客观真实，证据间能相互吻合，具有唯一性和排他性，已形成严密完整的证据体系，能够充分证实本院起诉书所认定的本案八名被告人的所有犯罪事实。为了更好地履行公诉人的职责，进一步揭露犯罪、弘扬法制，公诉人发表如下公诉意见，望合议庭在评议时能充分考虑，并予采纳：

一、本案事实清楚、证据确实充分，本案八名被告人的行为均已触犯我国刑法，构成起诉书所指控的各项罪名

（一）关于组织、领导、参加黑社会性质组织罪

认定该罪，主要是分析以被告人蒋某权为首的组织是否属于黑社会性质组织。根据《刑法》第二百九十四条的规定，黑社会性质的组织应当同时具备以下特征："（一）形成较稳定的犯罪组织，人数较多，有明确的组织者、领导者，骨干成员基本固定；（二）有组织地通过违法犯罪活动或者其他手段获取经济利益，具有一定的经济实力，以支持该组织的活动；（三）以暴力、威胁或者其他手段，有组织地多次进行违法犯罪活动，为非作恶，欺压、残害群众；（四）通过实施违法犯罪活动，或者利用国家工作人员的包庇或者纵容，称霸一方，在一定区域或者行业内，形成非法控制或者重大影响，严重破坏经济、社会生活秩序。"也就是要体现出组织特征、经济特征、行为特征和危险性特征。

首先，在组织特征方面：公诉人出示的被告人蒋某权、谢某、孙某、徐某、李某东等人的供述、辩解和证人李某、王某佳等人的证言相互印证，证实蒋某权是南京苏敛投资公司、贵杰投资公司的实际负责人，发放贷款的资金来源于蒋某权个人，被告人谢某、翟某宝、孙某、徐某、李某东、王某男等人接受蒋某权的领导和管理，被告人蒋某权对公司活动进行全盘负责。被告人孙某、徐某的供述及证人李某的证言证实被告人谢某、翟某宝在公司可以安排其他人工作。对此，被告人李某东的供述也谈到被告人蒋某权和翟某宝之间有合作关系，证人王某佳也证实谢某、翟某宝接待的客户较多，印证了上述各被告人的供述以及证人证言。而且在具体的违法犯罪事实中也反映出被告人谢某、翟某宝在组织中的地位，因此该团伙形成了以蒋某权为首要分子，谢某和翟某宝为骨干成员，其他被告人为积极参加者的组织形式，形成较为稳定的犯罪组织。而且，被告人蒋某权对各被告人以上班时间和随传随到相结合的方式加强约束，并告知各成员在平时活动中应注意事项以逃避法律制裁，有一定的组织纪律性。

在法庭调查阶段，被告人翟某宝、王某男及辩护人多次辩解两人不是蒋某权公司的员工，因此不是组织成员。公诉人需要指出的是，是否是蒋某权公司员工不是区分是否属于组织成员的关键，关键在于是否接受被告人蒋某权的领导，是否积极参与黑社会性质的违法犯罪活动。现有被告人谢某等人的供述及证人李某等人的证言均证实了被告人翟某宝、王某男接受蒋某权的安排，参与要债、索要违约金等活动。具体到案件事实，在抢劫、故意伤

害、非法拘禁、敲诈勒索中均有翟某宝、王某男的出现，而这些犯罪事实都是在被告人蒋某权领导之下进行的，属于黑社会性质组织实施的违法犯罪活动，反映出被告人翟某宝、王某男虽然名义上不属于蒋某权公司的，实质上却是以蒋某权为首的黑社会性质组织成员。另外，在敲诈勒索童某阳一案中，被告人翟某宝纠集谢某、孙某、李某东等人向被害人索要违约金；在介入民间纠纷向貌某索要债务中，被告人翟某宝有纠集谢某、李某东的行为；在敲诈勒索卓某案中，被告人孙某的供述证实其刚到卓某公司就接到翟某宝的电话让其回到公司，之后其和王某男就赶回公司；在非法拘禁张某石一案中，公诉人虽然没有认定翟某宝构成非法拘禁罪，但从证据中也反映出翟某宝参与了张某石影楼的经营活动，证人杨某成还证实翟某宝是"二老板"，这一点正好印证了被告人谢某在侦查阶段讲到孙某称呼翟某宝为"二老板"的说法。分析这一系列的具体犯罪事实，均体现出被告人翟某宝在组织中处于骨干位置，可以安排其他组织成员做事，作用突出。因此，被告人翟某宝、王某男的辩解不成立。

其次，在经济特征方面：各被告人的供述和辩解、证人李某、王某佳的证言、借款人的证言、各被害人的陈述以及借条、电子证据检查笔录等证据证实以被告人蒋某权为首的犯罪组织以6%至20%不等月利息通过对社会不特定多人发放高利贷，仅根据搜查到的借条就能证实对外放贷有400多万元，而根据证人证言证实高利贷数额达到600多万元，借款人为此已支付利息200多万元；以延期付息需要支付违约金或者收取上门费等名义，采取对借款人敲诈勒索、抢劫等手段获取经济利益，仅从查实的犯罪事实来看非法获利10万余元，通过上述手段非法获利维护组织内的日常开销，支付各成员的工资、节日红包、娱乐活动等。

再次，在行为特征方面：根据被害人蔡某飞、童某阳、李某军、徐某伟、张某石等人的陈述以及证人李某等人证言、借款人的证言，结合被告人谢某、孙某、徐某、王某男等人的供述，证实以被告人蒋某权为首的犯罪组织以暴力、威胁等手段有组织地多次进行违法犯罪活动，涉及抢劫罪、敲诈勒索罪、故意伤害罪、非法拘禁罪等犯罪和多项违法活动，仅从2012年2月至2012年10月，仅8个月的时间就查实十笔敲诈勒索罪的犯罪事实，可以从侧面反映出这个犯罪组织在平时活动中的违法犯罪活动之猖獗、违法犯罪行为之恶劣。

最后，在危害性特征方面：根据证人陈某飞、陈某燕、戎某玉等人的证言、被害人张某石、卓某等人的陈述以及接处警登记表、企业营业执照、承包合同，证实以被告人蒋某权为首的组织实施的违法犯罪行为，导致很多借款人及家人有家不敢回、流离失所，严重影响了借款人及其家人正常的生活秩序，其行为还影响到借款人所在公司的正常经营秩序，使被害人卓某公司的经营遭受损失，导致被害人张某石影楼破产，也就是说该组织在一定区域内实施违法犯罪活动，称霸一方，形成重大影响，严重破坏经济、社会生活秩序。各辩护人在法庭调查阶段提出公诉人没有出示充分的一组证据来证实该组织的社会影响，公诉人需要指出的是，认定构成黑社会性质组织，不是依靠一组证据或者单笔事实来认定该组织是否具备危害性特征的，而是整合全案证据、综合具体的违法犯罪事实来分析、判断该组织的危害性，因此公诉人在法庭调查阶段第一部分证据中出示的关于影响他人正常生活的证据并不是认定危害性特征的唯一证据，而只是其中的一部分，公诉人在此提醒法庭应结合全案证据、犯罪事实来认定该组织的社会危害性。

综上，现有证据充分证实了以被告人蒋某权为首的组织属于黑社会性质组织，被告人蒋某权构成组织、领导黑社会性质组织罪，被告人谢某、翟某宝、孙某、徐某、李某东、王某男构成参加黑社会性质组织罪，其中被告人谢某、翟某宝属于积极参加者。

（二）关于抢劫罪

在法庭调查阶段，公诉人就该罪出示了以下证据内容：被害人蔡某飞的陈述证实自己到蒋某权公司借款，后来因自己不愿意将车子抵押在对方手里遭到殴打，蒋某权和谢某就提出违约金1万元，并将自己的背包抢走，将钱包里的950元取走，而后又通过殴打、威胁手段逼迫其刷银行卡，蒋某权还安排人下楼扣押车辆，自己被逼向曾某东借款9000元，其辨认笔录指认出蒋某权系该公司老板，谢某、孙某、翟某宝、徐某对其有殴打的行为。证人支某邦（蔡某飞驾驶员）的证言及辨认笔录证实孙某和王某男有下楼扣留汽车的行为，并喊了谢某、刘男等人下楼；证人曾某东、柴某明的证言证实案发当天蔡某飞有向曾某东借款9000元的行为；证人曾某发证实蔡某飞打电话借钱时听语气很害怕、很紧张；证人陈某（介绍蔡某飞借钱的人）、李某慧的证言证实当天李某慧带蔡某飞到蒋某权公司借款，后来陈某接到蔡某飞电话，蔡声音发抖称被殴打、威胁要钱，经过李某慧联系蒋某权了解到蔡某飞有房有车和事实不符，又不愿意借款，就要求蔡某飞支付上门费、违约金1万元。手机通话记录证实了上述人员和被害人之间的通话情况，银行卡刷卡记录证实了案发当天蔡某飞的5张银行卡有刷卡的情况，抵押合同证实当天蔡某飞和孙某签订了抵押合同，病历资料证实蔡某飞头部有挫伤。被告人谢某的供述亦证实案发当天蔡某飞放弃借款之后,蒋某权要求其支付违约金,蔡某飞并不是想付这个违约金,但因为事先写了借条,而且有人下去扣车子,并且我们人多,被逼同意的。被告人蒋某权、孙某、徐某的供述虽然不能反映案件全貌,但均能证实案发当天各被告人向蔡某飞索要辛苦费,当场取得1000元左右。

根据现有证据能基本反映一个事实,也就是案发当天蔡某飞到蒋某权公司借款,因借款条件发生分歧放弃借款之后,被蒋某权、谢某等人索要违约金。各被告人当庭对非法占有被害人钱款的事实基本予以认可,主要辩解意见是没有采取暴力以及对犯罪数额提出异议。关于暴力行为,直接证据虽然只有被害人蔡某飞的陈述,但有一系列的旁证对被害人的陈述予以印证,证人陈某、李某慧的证言证实被害人蔡某飞在蒋某权公司通过电话告知陈某遭到殴打,证人曾某东的证言也证实蔡某飞打电话向其借款时语气害怕、紧张,通话记录也证实了案发时间段被害人确实打了上述证人电话。而银行刷卡记录证实了蔡某飞在蒋某权公司刷卡均未成功,也就如蔡某飞本人讲的自己故意将密码说错,反映出当时被害人是处于非自愿的境况之下,病历资料证实了蔡某飞头皮有挫伤的情况,因此这些侧面证据均印证了被害人蔡某飞的陈述,也就是说蔡某飞的陈述是真实的、可采信的。另外,虽然被告人谢某的供述虽没有证实到对被害人有暴力行为,但能证实当时被害人蔡某飞是被逼支付所谓的"辛苦费"。因此综合现有证据,应认定各被告人有暴力行为。关于犯罪数额方面,根据被害人蔡某飞的陈述称当场被劫得人民币950元,之后又被逼向他人借款9000元,证人曾某发、柴某明的证言证实蔡某飞有向其借款9000元的行为,证人陈某的证言也印证了被害人蔡某飞的陈述。而被告人蒋某权在侦查阶段以及法庭调查阶段对当场取得的数额予以认可,但对于向被害人提出交付钱款的数额供述前后矛盾,前期讲是2000元,当庭讲过4000元、5000元,而且辩解该款是用于帮助蔡某飞向他人借款的保证金,对此既没有其他证据予以印证,也不符合常理,因此该辩解不成立。因此应认定950元是既遂,9000元是未遂。另外,被告人翟某宝辩解自己未参与该笔犯罪事实,称当时自己在客厅打牌未进入小房间,但根据被害人蔡某飞的陈述及辨认笔录证实被告人翟某宝对其有殴打行为,被告人谢某的供述证实被害人刷卡时翟某宝在小房间,证人潘某的证言证实案发当天翟某宝去过小房间,也就是被害人被逼刷卡的房间,而被告人翟某宝辩解没有去过小房间显然与证据、事实不相符。

综上,根据现有证据证实被告人蒋某权、谢某、翟某宝、孙某、徐某以非法占有为目的,采取暴力、威胁的手段当场要求蔡某飞交出 1 万元,并实际取得被害人蔡某飞 950 元,还有 9000 元因意志以外的原因未取得,符合《刑法》第二百六十三条的规定,构成抢劫罪。

(三)关于敲诈勒索罪

在法庭调查阶段,公诉人就该罪的十笔犯罪事实进行了分组出示,分别出示了各被害人的陈述、证人证言、收条、借条及被告人的供述和辩解,这些证据相互印证,充分证实了各被告人以非法占有目的,以超期付息需要支付违约金或者在被害人放弃借款后以需要支付辛苦费等名义,采取暴力或者言语威胁等手段向被害人索要钱款,符合敲诈勒索罪的构成要件。其中,被告人蒋某权、谢某参与共 9 笔(除敲诈童某阳以外)犯罪事实,共计犯罪数额计 7.11 万元既遂、9 万元未遂;被告人翟某宝参与 3 笔(童某阳、陈某国、朱某喜)犯罪事实,共计 4 万元既遂、3 万元未遂;被告人孙某参与 5 笔(李某、陈某国、朱某喜、李某军、徐某伟)犯罪事实,共计 5.31 万元既遂、3 万元未遂;被告人徐某参与 2 笔(陈某国、卓某)犯罪事实,均未遂。被告人李某东参加 3 笔(陈某国、李某军、徐某伟)犯罪事实,共计 3.27 万元既遂、3 万元未遂;被告人王某男应对敲诈童某阳一案承担刑事责任,犯罪数额为 2 万元。

在法庭调查阶段,被告人蒋某权及辩护人提出索要违约金是经事先约定的,所以不构成敲诈勒索罪。公诉人对此指出,综观本案,各被告人索要钱款的方式主要有两种,一是采取言语威胁等手段索要违约金(童某阳、秦某、陈某国、卓某、张某、朱某喜、郭某超、徐某伟);二是借款人放弃借款,索要上门费或者辛苦费(李某、李某军)。对于第二种情况,正常的借款关系应该建立在双方自愿的基础之上,既然借款人放弃借款,被告人是没有任何理由向其索要所谓的辛苦费,因此被告人索要钱款具有典型的非法占有故意。关于第一种情况,公诉人需要提醒法庭注意,被告人对外发放的高利贷,从现有证据来看最低月利息在 6%,而同期银行贷款年利息也就是 6% 左右,也就是说被告人对外发放的借款利息远远超过国家规定的 4 倍之限。《合同法》第一百一十四条、《江苏省高级人民法院关于当前宏观经济形势下依法妥善审理非金融机构借贷合同纠纷案件若干问题的意见》、《南京中院关于审理民间借贷纠纷案件若干问题的指导意见》第二十五条均规定利息、违约金不能超过同期银行贷款 4 倍,也就是说被告人蒋某权等人已经实际获得了超过同期银行贷款的 4 倍利息,即使约定违约金也是不受法律保护的。而且被告人最终向被害人索要借款并不是直接以借条上规定的违约金进行索要，而是通过两种方法，一种是以到期需要更改借款为由，让被害人重写一张借款，然后以两张借条的数额进行威胁索要违约金，比如张某、徐某伟等；另外一种就是逼迫被害人将违约金写入借条金额，以此向被害人索要钱款，比如童某阳、朱某喜等。被告人就是通过上述两种方法来掩盖索要违约金的真相，一方面表明各被告人主观上也知道所谓的"违约金"是不合法的，另一方面为被害人报警做好了防范措施，即使被害人报警，公安人员到场见到借条也只能误认为是债务纠纷，从而逃避法律责任。因此，无论从各被告人的主观方面还是客观行为均能反映出其主观上具有非法占有的故意。

另外，被告人蒋某权及辩护人提出其未直接参与向被害人索要钱款或者未指使他人索要钱款。对此，根据《刑法》第二十六条第三款的规定，应按照该组织所犯的全部罪行承担刑事责任。根据最高人民法院、最高人民检察院、公安部关于《办理黑社会性质组织犯罪案件座谈会纪要》的规定，黑社会性质组织实施的违法犯罪活动主要包括：（1）由组织者、领导者直接组织、策划、指挥、参与实施的违法犯罪活动；（2）由组织成员以组织名义实施，并得到组织者、领导者认可或者默许的违法犯罪活动，多名组织成员逞强争霸、插手纠纷、报复他人、替人行凶、非法敛财而共同实施，并得到组织者、领导者认可或者默认的违法犯罪活动；（3）组织成员为组织争夺势力犯罪、排除竞争对手、确立强势地位、谋取经济利益、维护非法权威或者按照组织的纪律、惯例、共同遵守的约定而实施的违法犯罪活动；（4）由黑社会性质组织实施的其他违法犯罪活动。本案中，被告人蒋某权作为犯罪组织的首要分子，虽然未直接参与部分犯罪事实，比如敲诈秦某、李某、张某、李某军、徐某伟的犯罪事实，但根据现有证据，被害人均是到蒋某权公司进行借款，然后由蒋某权手下人员进行接待并进行审核，然后由组织成员以违约金或者上门费等名义索要钱款，而这些做法均是该组织的一贯做法，属于惯例。此外，部分被害人的陈述中也谈到了在被索要钱款时还电话和蒋某权沟通，也就是说蒋某权对组织成员的行为是默认的，而被告人谢某、孙某等人的供述也证实被告人蒋某权作为领导者，一般都不出面的，但违法所得最后都要给蒋某权，也就是被告人谢某等人的行为是为组织谋取经济利益，因此该部分犯罪事实亦属于黑社会性质组织实施的违法犯罪活动，被告人蒋某权对此应承担刑事责任。在这里，公诉人还要指出的是，关于敲诈勒索第一笔犯罪事实并未列入被告人蒋某权应承担的范围之内，并不是说公诉人的指控采取两种评价标准，而是考虑到被告人蒋某权和翟某宝之间的特殊关系,也就是被告人翟某宝自己也在外发放高利贷,被害人童某阳的陈述也证实其是直接和翟某宝联系的,并没有到蒋某权公司借款,后期讨要违约金过程中虽然有组织成员谢某等人的参与,但现有证据无法证实被告人蒋某权对此主观上明知予以认可或者默认,也不能证实经济利益归组织所有,所以从刑法谦抑性原则出发认定该笔犯罪事实是翟某宝私下实施的行为,对此被告人蒋某权不承担刑事责任。

(四) 关于故意伤害罪

在法庭调查阶段,公诉人出示了被告人谢某、翟某宝、王某男等人的供述、同案李某东的证言以及被害人郭某坚的陈述、辨认笔录,证实案发当天被告人蒋某权、谢某、翟某宝、孙某、王某男均有殴打郭某坚的行为。证人李某的证言证实案发当天郭某坚在蒋某权公司有被殴打的情况。证人郭某松的证言以及郭某坚的病历资料证实被害人被殴打致右耳耳膜穿孔,鉴定意见证实郭某坚的伤情构成轻伤。

在法庭调查过程中,被告人蒋某权、孙某辩解自己没有动手,蒋某权的辩护人认为轻伤的后果是由被告人谢某造成的,被告人蒋某权不构成该罪。关于被告人蒋某权的辩解,根据被告人谢某、翟某宝、王某男的供述及李某东的证言均证实被告人蒋某权在案发当天首先打了被害人郭某坚一记耳光,之后由其他被告人上前殴打,因此其辩解不成立。关于被告人孙某的辩解,根据被害人郭某坚的陈述证实孙某有殴打行为,同时同案犯翟某宝的供述也证实孙某在案发当时打了被害人两个巴掌,谢某的供述也证实孙某有打被害人巴掌的行为,因此其辩解不成立。关于被告人蒋某权辩护人的辩护意见,根据现有证据,虽然被害人的陈述谈到伤情主要是由谢某的行为造成的,但也仅仅是被害人的主观推测,不能排除其他被告人的殴打行为造成了被害人的伤情。该案虽然事先没有预谋,但我们应注意到各被告人之间的特殊关系,这不是一个临时纠集的团伙,而是一个稳定的黑社会性质组织,被告人蒋某权为了向被害人郭某坚索要钱款殴打被害人之后,其他被告人作为被告人蒋某权手下的组织成员,彼此心照不宣,均通过殴打被害人来讨要个人债务,主观上是出于同一个目的,主观上有共同伤害的故意,因此参与殴打的各被告人构成共同犯罪,故被告人蒋某权、谢某、翟某宝、孙某、王某男构成故意伤害罪。

(五) 关于非法拘禁罪

公诉人出示的被害人张某石的陈述、证人居某蕾的证言以及被告人谢某、孙某等人的供述证实在2012年8月底,被告人蒋某权为索要债务,安排谢某、孙某、李某东、徐某、王某男晚上轮流在天湖宾馆看管张某石,白天带至蒋某权公司谈还钱的事情。旅馆住宿人员信息表证实 2012 年 8 月 28 日至 9 月 2 日期间,谢某、李某东、徐某、孙某在天湖宾馆和张某石有同住的情况。

在法庭调查阶段,被告人蒋某权对客观行为予以认可,但辩解张某石有自由活动的权利,不属于非法拘禁;被告人王某男承认和张某石有同住宾馆的行为,但辩解主观上不知道是对张某石看管。公诉人对此需要指出,根据现有证据充分证实在被告人蒋某权安排人员看管张某石之后,张某石不管是回家拿衣服还是到房产局去,都是在各被告人看管、跟随情况下进行的,被害人的人身自由被剥夺,直至张某石被迫同意将影楼转给蒋某权承包经营后才得以离开,充分说明了张某石被非法拘禁的事实。而对于被告人王某男的辩解,根据被告人王某男在侦查阶段的有罪供述证实张某石住在宾馆里是因为蒋某权他们就是逼张某石还钱,翟某宝叫自己去就是陪着张某石一起,就是看着他,说明其主观上是知道自己的行为是要控制张某石的人身自由。另外根据被告人谢某、孙某等人的供述以及被害人张某石的陈述王某男是轮流看管人员中的一人,被害人张某石还辨认出王某男有两次到天湖宾馆进行看管。而且从客观情况来分析,王某男和张某石事先并不认识,只知道张某石欠蒋某权钱款,在这种情况下被安排和张某石同住,作为一名成年人应该能判断自己行为的性质。因此不管从证据分析还是从客观情况分析,被告人王某男对张某石被非法限制人身自由主观上是明知的。另外,由于该案各被告人属于犯罪组织成员,而张某石被带至天湖宾馆看管,白天是被扣押在蒋某权公司,因此虽然部分被告人实际参与看管张某石的时间不到 24 小时,但各被告人之间主观上均能意识到张某石有被控制人身自由后,是由各被告人轮流看管的,具有共同的犯罪故意,根据共同犯罪理论,参与人员应对全案负责。综上,根据现有证据充分证实了被告人蒋某权、谢某、孙某、徐某、李某东、王某男为索要债务,非法拘禁被害人张某石五天六夜,根据最高人民法院《关于对为索取法律不予保护的债务非法拘禁他人行为如何定罪问题的解释》及《刑法》第二百三十八条的规定,构成非法拘禁罪。

二、本案的社会危害性及应吸取的教训

早在 20 世纪 90 年代,联合国大会就将"黑社会""贩毒""恐怖主义活动"列为"当今世界三大犯罪灾难之一",可见,黑社会犯罪是一种危害极其严重的犯罪活动。随着我们改革开放以后,经济得到了长足发展以及国际化进程日益加快,国内逐渐出现分配不公、贫富悬殊、物欲横流等社会现象，一些人的价值观开始出现扭曲，并纠合起来组成犯罪组织，采取暴力等手段在一定的社会范围或者行业称霸。与国际黑社会组织相比，这类犯罪组织具备黑社会组织的部分特征，类似黑社会组织的雏形状态，给社会造成了巨大危害，1997年刑法首次将该类犯罪认定为黑社会性质组织犯罪。由于该类组织犯罪会对社会公共安全、经济秩序以及社会生活秩序造成严重威胁，直接影响到人民群众的安居乐业，成为我国长期面临的一项重大任务。本案中，被告人蒋某权为获取非法利益，纠集社会闲散人员被告人谢某、翟某宝等人，在发展中慢慢形成较为稳定的犯罪组织，并通过一系列有组织的违法犯罪活动，使自己获得了巨大的非法利益，然而被告人取得利益的代价却是让被害人陷入流离失所的境地，令被害人家人时刻处于担心受怕、缺乏安全感的环境中，使被害人的公司企业正常经营受到严重影响，甚至最终破产，给社会生活、经济带来了严重影响。

  各被告人的行为不仅给社会、给他人造成了严重伤害，而且也令自己身陷囹圄、面临牢狱之灾，使自己的家庭失去顶梁柱、遭受沉重打击。本案八名被告人大部分都是80后，其中还有两名是90后，可以说正当最好年华，正是事业起步阶段，然而各被告人却走上了犯罪道路，分析原因除了是为追求金钱、希望不劳而获之外，还有一个促使他们在违法犯罪道路上越走越远的重要原因就是加入该组织后外出活动肆意妄为，有一种别人惹不起自己的自豪感，一种高人一等的优越感，本案中被告人蒋某权纠集人员均为社会闲散人员，文化程度不高，游手好闲，家庭条件不好，可以说在社会中处于底层，潜意识里都有一种自卑心理，觉得自己不被他人认可、尊重，于是在加入该组织后，认为自己可以扬眉吐气了，通过各种违法犯罪活动向社会、向他人展示自己的"能量"，就像被告人王某男在悔过书里写的"觉得翟某宝很威风，天天开着车想干什么就干什么，自己跟着他后面鬼混之后，在同龄人当中有一种盲目的优越感，感觉自己比好多人都强"。殊不知，这种优越感只是海市蜃楼，恐吓、威胁、暴行可以让别人害怕你，却不能使别人尊重你，要想得到他人尊重、社会认可，最起码要做到遵纪守法，通过自己的合法劳动获取财富，承担起自己的家庭责任、社会责任。公诉人希望各被告人能从本案中吸取教训，真正认识到自己行为的严重违法性，转变自己的人生态度，做个合格的公民。

  三、关于本案的量刑建议

  1. 根据《中华人民共和国刑法》第二百九十四条第一款、第二百六十三条、第二百七十四条、第二百三十四条第一款、第二百三十八条以及最高人民法院、最高人民检察院《关于办理敲诈勒索刑事案件适用法律若干问题的解释》、江苏省高级人民法院、检察院、公安厅《关于我省执行敲诈勒索"数额较大"、"数额巨大"、"数额特别巨大"标准的意见》的规定，被告人蒋某权犯组织、领导黑社会性质组织罪，法定刑为七年以上有期徒刑，并处没收财产；被告人谢某、翟某宝、徐某、李某东、王某男均构成参加黑社会性质组织罪，其中被告人谢某、翟某宝属于积极参加者，法定刑为三年以上七年以下有期徒刑，可以并处罚金或者没收财产；被告人徐某、李某东、王某男为其他参加者，法定刑为三年以下有期徒刑、拘役、管制或者剥夺政治权利，可以并处罚金。被告人蒋某权、谢某、翟某宝、孙某、徐某构成抢劫罪，法定刑为三年以上十年以下有期徒刑，并处罚金；被告人蒋某权、谢某敲诈勒索数额巨大，法定刑为三年以上十年以下有期徒刑，并处罚金；被告人翟某宝、孙某、徐某、李某东、王某男敲诈勒索数额较大，法定刑为三年以下有期徒刑、拘役或者管制，并处或者单处罚金。被告人蒋某权、谢某、翟某宝、孙某、王某男构成故意伤害罪，法定刑为三年以下有期徒刑、拘役或者管制。被告人蒋某权、谢某、孙某、徐某、李某东、王某男构成非法拘禁罪，法定刑为三年以下有期徒刑、拘役、管制或者剥夺政治权利。上述七名被告人共同或分别共同实施故意犯罪，根据《中华人民共和国刑法》第二十五条的规定，系共同犯罪。上述七名被告人在判决宣告以前一人犯数罪，根据《中华人民共和国刑法》第二百九十四条第四款、第六十九条的规定，应当数罪并罚。被告人蒋某权系黑社会性质组织的首要分子，根据刑法第二十六条的规定，应按照其组织所犯的全部罪行处罚，其他被告人应对其所参与的犯罪承担刑事责任。

2. 被告人孙某曾因故意犯罪被判处有期徒刑，在刑罚执行完毕五年以内再犯应当判处有期徒刑以上刑罚之罪，根据《中华人民共和国刑法》第六十五条第一款的规定，系累犯，应当从重处罚。

3. 被告人蒋某权、谢某、翟某宝、孙某、徐某实施抢劫行为，既遂数额为950元、未遂9000元，建议合议庭量刑时予以考虑。

4. 被告人蒋某权、谢某、翟某宝、孙某、李某东敲诈勒索既有既遂，又有未遂，对此司法解释虽然未明确规定，但参考同是侵财类犯罪的盗窃、诈骗罪的司法解释"分别达到不同量刑幅度的，依照处罚较重的规定处罚；达到同一量刑幅度的，以既遂处罚"，由于本案中上述被告人既遂和未遂处于同一量刑幅度，因此公诉人对上述五名被告人均以既遂进行指控，但建议合议庭量刑时考虑有未遂情况予以从重处罚。

5. 被告人徐某参与的两笔敲诈勒索犯罪事实，均因意志以外的原因而未得逞，根据《中华人民共和国刑法》第二十三条的规定，系未遂，可以比照既遂犯从轻或者减轻处罚。

6. 本案各被告人到目前为止，尚未对本案各被害人进行经济赔偿，被害人的损失未得到弥补，建议合议庭量刑时予以考虑。

综上，建议以组织、领导黑社会性质组织罪判处被告人蒋某权有期徒刑八年左右，并处没收财产。以参加黑社会性质组织罪判处被告人谢某、翟某宝有期徒刑四年左右，并处罚金；判处被告人徐某、李某东有期徒刑二年左右，并处罚金；判处被告人王某男有期徒刑一年左右，并处罚金。以抢劫罪判处被告人蒋某权、谢某、翟某宝、孙某、徐某有期徒刑四年左右，并处罚金。以敲诈勒索罪判处被告人蒋某权、谢某有期徒刑四年左右，并处罚金；判处被告人翟某宝、李某东有期徒刑二年左右，并处罚金；判处被告人孙某有期徒刑二年六个月左右，并处罚金；判处被告人李某东、王某男有期徒刑一年左右，并处罚金。以故意伤害罪判处被告人蒋某权、谢某、翟某宝、孙某、王某男有期徒刑一年左右。以非法拘禁罪判处蒋某权、谢某、孙某、徐某、李某东、王某男一年左右。

最后提请合议庭结合本案造成的严重社会影响以及法定、酌定情节等方面因素综合考虑，根据各被告人的罪责，对其分别作出罪行相适应的判决。

审判长、人民陪审员，公诉人的公诉意见发表到此，请合议庭充分考虑并予以采纳，谢谢！

公诉人：郭××
2013 年 12 月 25 日发表于法庭

（四）分析点评

该案是一起典型的涉黑刑事案件，涉案的被告人多、犯罪事实多、涉案罪名多，庭审的难度已经很高，再加之所有被告人均不认罪，所有辩护人均提出事实不清、证据不足的无罪辩护，则庭审的每一环节均是重点，必须环环相扣，才能完整、有力地完成指控任务。公诉意见的发表既是对法庭调查阶段的全面总结，也是法庭辩论阶段的首要开启，有承上启下的衔接作用。

该篇公诉意见的第一部分是重中之重，以罪名区分，从五个方面论述了案件的定性，针对辩护人在法庭调查阶段的众多质证意见，公诉意见用了边分析证据边论证定性的写法，夹叙夹议，既有法理阐述，又有对法律规定的诠释，还有证据体系的分析，较好地解决了本案焦点众多、证据杂乱的难题。

与其他抢劫、敲诈勒索、故意伤害、非法拘禁四个罪名相比,组织、领导、参加黑社会性质组织罪是该案的核心罪名,也是各被告人最有争议的罪名,所以,该篇公诉意见首先就对各被告人是否构成该罪进行阐述。在此部分,核心就是分析被告人的团伙组织是否属于黑社会性质组织。公诉意见首先通过刑法与司法解释的规定,向大家点明了黑社会性质组织的四大典型特征,其次围绕本案证据体系所认定的犯罪事实逐一展开分析,在每一特征的论述中,还重点结合各被告人的辩解一一反驳,这也是该篇公诉意见的特点鲜明之处。如在论述组织特征方面时,公诉意见分为两个层次展开,第一层次是对全案证据的体系分析,第二层次是针对当庭每名被告人及其辩护人的质证意见,再次结合证据细节展开分析。

在以往的很多公诉意见中,公诉人习惯在第一轮公诉意见中只从正面论证,而在第二轮法庭辩论中才会针对被告人的辩解予以还击,这也是我们大部分案件的习惯做法。当然,如果在法庭调查阶段,被告人及辩护人对绝大部分的证据"三性"并无异议,只是对个别证据有异议,那么从整个公诉意见论述的完整性及体系性考虑,完全可以等辩护人发表第一轮辩护意见之后,全面了解辩护主张之后,公诉人再在第二轮辩论过程中再一并答辩。但是,如果在法庭调查阶段,被告人及辩护人对绝大多数的证据均有异议,通过证据出示、质证环节,被告人的辩解及辩护意见反复主张,公诉人已经能够非常清晰地全面了解,则需要在第一轮公诉意见发表时就及时展开论述,一方面是在法庭辩论阶段第一轮就对各庭审焦点问题进行总结并予以回应,另一方面则像在战场一样,先占领"制高点",给合议庭与旁听群众厘清思路,突出指控主张。

在这一部分的叙写方法上,该篇公诉意见也给了我们很好的借鉴,还是以论述组织特征为例,公诉意见首先表明"在法庭调查阶段,被告人翟某宝、王某男及辩护人多次辩解两人不是蒋某权公司的员工,因此不是组织成员。公诉人需要指出的是,是否是蒋某权公司员工不是区分是否属于组织成员的关键,关键在于是否接受被告人蒋某权的领导,是否积极参与黑社会性质的违法犯罪活动"。这段论述中,公诉人指出了庭审中部分被告人的辩解,同时指明判断标准。然后,公诉意见进一步分析案件证据"现有被告人谢某等人的供述及证人李某等人的证言均证实了被告人翟某宝、王某男接受蒋某权的安排,参与要债、索要违约金等活动。具体到案件事实,在抢劫、故意伤害、非法拘禁、敲诈勒索中均有翟某宝、王某男的出现,而这些犯罪事实都是在被告人蒋某权领导之下进行的，属于黑社会性质组织实施的违法犯罪活动，反映出被告人翟某宝、王某男虽然名义上不属于蒋某权公司的，实质上却是以蒋某权为首的黑社会性质组织成员。另外，在敲诈勒索童某阳一案中，被告人翟某宝纠集谢某、孙某、李某东等人向被害人索要违约金；在介入民间纠纷向貌某索要债务中，被告人翟某宝有纠集谢某、李某东的行为；在敲诈勒索卓某案中，被告人孙某的供述证实其刚到卓某公司就接到翟某宝的电话让其回到公司，之后其和王某男就赶回公司；在非法拘禁张某石一案中，公诉人虽然没有认定翟某宝构成非法拘禁罪，但从证据中也反映出翟某宝参与了张某石影楼的经营活动，证人杨某成还证实翟某宝是'二老板'，这一点正好印证了被告人谢某在侦查阶段讲到孙某称呼翟某宝为'二老板'的说法。分析这一系列的具体犯罪事实，均体现出被告人翟某宝在组织中处于骨干位置，可以安排其他组织成员做事，作用突出。因此，被告人翟某宝、王某男的辩解不成立"。在这段论述中，公诉人总分结合，既分析了总体证据体系中对各被告人的行为，又从敲诈勒索、非法拘禁以及故意伤害等各分罪名中对各被告人的行为展开分析，并最终得出被告人辩解不成立的结论。此段分析层次分明、条理清晰、论据充分、论理到位，值得借鉴。

在随后的经济特征、行为特征、危害性特征等其他三个特征的论述过程中，公诉意见采用了同样的叙写方法，结合庭审焦点进行了很好地展开，但在危害性特征的论述过程中，对当地造成的实际危害论述过于概括，如能结合案件，展开列举具体危害事实，会让整篇公诉意见内容更丰富，现场发表会更具感染力。

三、社会影响重大的案件

案例：乐某故意杀人案

（一）基本案情

2011年上半年起，被告人乐某及其男友李某斌共同居住在本市江宁区麒麟街道泉水社区泉水新村29幢二单元503室，二人共同抚养被害人李某雪（女，殁年2岁）、李某（又名李某彤，女，殁年1岁）。2013年2月27日李某斌因犯容留他人吸毒罪服刑，乐某作为两个女儿李某雪、李某的唯一监护人，独自承担抚养义务，但一直怠于履行抚养义务。

2013年4月下旬的一天下午，被告人乐某为被害人李某雪、李某预留了少量食物、饮水，将二人置留在家中主卧室内，用布条反复缠裹窗户锁扣并用尿不湿夹紧主卧室房门后，锁上大门离家。此后，乐某多次从社区领取救助金用于在外吸食毒品、玩乐。其明知二被害人无生活自理能力，在无人照料的情况下会饥渴致死，但直至同年6月21日案发未曾回家，致二被害人死在家中。经鉴定，二被害人无机械性损伤和常见毒物中毒致死的依据，不排除其因脱水、饥饿、疾病等因素衰竭死亡。经司法精神病鉴定，乐某系精神活性物质（毒品）所致精神障碍，作案时有完全刑事责任能力。

2013年6月21日14时许，公安机关在本市江宁区麒麟街道宣义路将被告人乐某抓获归案。

（二）案件争议的焦点问题

对媒体高度关注的案件，应如何发表公诉意见？

（三）公诉意见书

公诉意见书

被告人：乐某

案由：故意杀人

起诉书号：宁检诉刑诉〔2013〕64号

审判长、人民陪审员：

今天，×市中级人民法院依法公开开庭审理被告人乐某涉嫌故意杀人一案，根据《中华人民共和国刑事诉讼法》第一百八十四条、第一百九十三条、第一百九十八条和第二百零三条的规定，我们受本院指派，以国家公诉人的身份，出席法庭支持公诉，并依法对刑事诉讼实行法律监督。通过法庭调查，公诉人针对起诉书指控的犯罪事实，依法讯问了被告人乐某，听取了其当庭供述和辩解，宣读了证人证言，出示了相关的物证、书证、鉴定意见、现场勘验检查笔录及视频资料，并接受法庭质证。以上证据相互关联、相互印证，收集程序合法，能够证实起诉书所指控的犯罪事实。为进一步弘扬法制，揭露犯罪，公诉人现发表如下意见，供合议庭参考。

一、被告人乐某负有法定抚养义务且有履行能力，明知不履行抚养义务会导致二被害人死亡，仍然采取放任的态度，致使危害后果发生，其行为已构成故意杀人罪

我国刑法第232条明确规定，故意杀人罪是指故意非法剥夺他人生命的行为，既包括行为人以积极的身体活动非法剥夺他人生命的行为，也包括行为人以消极的身体动作，在能够履行自己应尽义务的情况下不履行该义务，而导致他人死亡的行为。本案中，被告人乐某作为二被害人的生母，负有法定抚养义务，明知自己的不作为将导致危害后果的发生，能履行而未履行抚养义务，放任危害后果的发生，最终致使二被害人死亡，其行为系以不作为的方式实施的故意杀人行为。具体理由如下：

1. 从客观行为分析，被告人乐某负有法定抚养义务且有履行能力，但自2013年4月下旬起未再履行抚养义务，其行为与二被害人死亡后果的发生具有直接的因果关系。

首先，被告人乐某在男友李某斌服刑后，作为两名女儿的唯一监护人，独自承担抚养义务。其虽没有固定工作，但具有劳动能力，且定期从社区民警处领取补助金，也有亲戚朋友给予经济上的救助和生活上的帮扶，具有履行抚养义务的能力。然而乐某却因沉溺于吸食毒品、玩乐，自2013年4月下旬离家后直至6月21日案发时一直未回家履行抚养义务。以上事实不仅乐某全部予以供认，且能得到相关证人证言、鉴定意见、现场勘验检查笔录等证据的印证。

其次，从尸体检验意见书及现场勘验检查情况来看，二被害人的尸体无机械性损伤和常见毒物致死的依据，从案发现场门锁门框未有破坏痕迹、卧室内窗户锁扣已被布条反复缠裹固定以及被害人李某尸体的原始位置应为头部紧邻关闭的房门内侧等情况来看，能够排除他人通过钥匙开门、工具撬门、翻窗入室等方式进入案发现场，并对二被害人实施暴力行为致其死亡的可能性。同时，结合被害人尸体类似干尸样改变以及乐某离家前为二被害人仅预留了最多不超过2100毫升的饮水及少量食物的情况，能够判断出被害人系因缺少饮食而饥渴致死，并非外力作用致死。而此后果的发生，正是由于被告人乐某长期不回家履行抚养义务的行为所导致。因此，被告人乐某的行为与二被害人死亡后果的发生具有直接的因果关系。

2. 从主观故意分析，被告人乐某能够认识到其行为会导致被害人死亡，但放任危害后果的发生。

被告人乐某作为一个成年人、一个已经抚养女儿两年多的母亲，主观上能够认识到其如果长期不回家，两名女儿处于封闭的空间内极可能因为缺少饮食而饥渴致死，且其在最后一次离家后也能够认识到自己需要回家履行抚养义务。这一事实不仅有其供述供认，从其多次领取救助金的事实，以及在与王某元、董某勤等人谈话中提及过孩子的事实来看，也能反映出被告人乐

第四章 公诉意见书实例评析

某主观上对危害后果的发生有着明确的认识。但被告人乐某虽然已经认识到其不履行抚养义务将导致被害人因饥渴死亡,在具备抚养能力,且有时间、有条件取回钥匙回家抚养孩子的情况下,因沉溺于吸食毒品、玩乐,长达一个多月的时间内未回家履行抚养义务。其虽未积极追求危害后果的发生,但却放任危害后果的发生,最终致使二被害人死亡。

综上,被告人乐某作为具有完全刑事责任能力的成年人,其所实施的行为符合故意杀人罪的构成要件,应当以故意杀人罪追究其刑事责任。

二、本案的社会危害性及引发的思考

面对两具已经风干的尸体,我们已无法从她们的脸上读出任何的表情,但却能够感触到她们在人生最后一段旅程中所触碰到的痛苦、恐惧和绝望。密闭的空间、污秽的环境,孤守家中的两个孩子在艰难求生。随着房间内母亲留下的温暖气息逐渐淡去,随着食物和饮水的消耗殆尽,幼小的生命也被一丝丝地抽离。早已习惯独自在家的孩子们再也没有想到这次母亲离开后会不再回来。如果主卧室的房门没有被夹紧,孩子们或许还能吃到客厅里的那袋香蕉,或许还能像往常一样打开房门向外求助。然而此刻一切的假设都已无法实现,最终李某雪只能静静地睡在棉胎上,放弃了挣扎;李某只能抱着没有一滴水的水壶,放弃了求生的努力。直至两双大眼睛完全失去光泽,终是没再见到母亲熟悉的身影。

因为乐某的自我放纵,两个幼小鲜活的生命黯然逝去,给刚刚出狱的父亲、年老体弱的太婆留下了无尽的痛苦和怀念;因为乐某的以身试法,多少人已付出的努力与关爱付诸东流,理性的公共秩序被肆意破坏,亲友的叮嘱、刑罚的威慑都未能阻止这场悲剧的发生;因为乐某的冷漠无情,朴素的伦理道德已荡然无存,让我们不得不再次直面人性中最阴暗的一面,每位尚有良知的公众无不在内心深处遭受着最为猛烈、最为酸楚的冲击与震撼。曾经坚忍顽强的生命此刻何以如此脆弱,原应崇高伟大的母爱此刻何以消失殆尽,亲情与责任何在、人性与良知何在?

在这场悲剧中,我们再次看到了毒品所带来的危害。因为毒品,孩子的父亲入狱服刑、失去自由,使两个孩子本就困顿的生存环境变得更加险恶;因为毒品,孩子的母亲离家不归、放弃责任,最终断送了两个女儿的生命。被告人乐某的前车之鉴还历历在目,两个孩子的悲惨结局仍痛彻人心,为了自己的安康、为了家人的幸福、为了社会的稳定与和谐,公诉人在此告诫所有人,请远离毒品、珍爱生命。

在审查本案时,我们也注意到了被告人乐某的特殊成长环境,其因自幼得不到父母的关爱而误入歧途，在毒品的侵蚀下逐渐失去理性。父母对子女的责任不仅在于生育更在于养育，虽然并非所有的人都能为孩子提供优越的物质生活条件，但仍有责任尽己所能将其抚养成人，引导他们从善如流。

当然，未成年人的保护不仅需要监护人切实履行起自己的职责，更需要建立起社会化的教育和监护体系。当家庭监护出现问题时，需要政府部门、社会组织等其他力量及时介入，来弥补未成年人保护的缺位。我们也建议通过立法，构建起家庭、学校、政府、社会的联动保护机制，逐步形成完备的未成年人社会保护政策法规体系，以更为人性化的关怀为他们的健康成长撑起一片蓝天。

三、量刑意见

被告人乐某的行为已触犯《中华人民共和国刑法》第232条的规定，构成故意杀人罪，应当对其判处死刑、无期徒刑或十年以上有期徒刑。被告人乐某归案后能够如实供述自己的罪行，认罪态度较好，其行为虽符合刑法第67条关于坦白的规定，但因其行为所导致的后果特别严重，不应对其从轻处罚。鉴于被告人乐某已怀孕，根据刑法第49条的规定，依法不适用死刑。公诉人建议对其以故意杀人罪判处无期徒刑。

综上，起诉书认定本案被告人乐某故意杀人的犯罪事实清楚，证据确实、充分，依法应当认定被告人有罪。请合议庭综合全案情节，对被告人作出应有的公正的判决。

公诉人：李×
2013年9月18日当庭发表

（四）分析点评

该案发生后，在全国范围内引发热议，先后被多家媒体竞相报道，众多网民针对该案的事实、定性以及案件暴露出来的未成年人保护工作、政府部门职责履行等方面的问题提出质疑和讨论。庭前，法院邀请了人大代表、政协委员、相关职能部门以及上百家媒体的记者共同旁听此案的庭审，所以，如何发表公诉意见，达到强化指控主张的目的，是本案的难点与重点。

本案的发生足以让每一个有良知的公民为之震慑，而在庭审过程中，为了减轻被告人的责任，在法庭调查阶段，辩护人就开始反复强化被告人的个人成长经历，以此作为辩护立论的基础素材。而此时，被害人已经死亡，她们无法为自己代言，该案的社会危害性只有通过公诉词表达。另外，对于本案，被告人的行为以不作为的间接故意杀人评价，又是需要从法理层面深入阐释的关键点。所以，对于媒体高度关注的案件，尤其应当把握在公诉意见中的情理并蓄。因为公诉发言不仅诉诸合议庭，也诉诸旁听者，诉诸旁听者的理智与情感。在评价被告人犯罪行为及其社会危害性时，既要有法律评价，同时也不能偏废对人的情感的激发，才能有效地激发旁听者的内心共鸣，有效地引导他们建立正义的理念。正义之情、公众普世情怀，更能够积极引导人们建立法的理念，遵从和维护法的实施。

在第一部分，公诉意见围绕争议焦点，结合不作为犯罪的特点，坚持从客观到主观的论证思路，定性分析有理有据。在第二部分，公诉意见从感性的层面，阐述了该案的社会危害性及启示，这其中不仅包含对被害人的怜悯、对被告人行为的谴责，还包含了对社会认识层面的整体评价。

紧紧抓住案件的情感点，语言具有感染力是正确适度"煽情"的要领。一份能够打动人并且与旁听者形成互动、产生共鸣的公诉意见，需要公诉人在庭前反复琢磨案件特点，本着善良的社会心理去审视案件中透露出来的某些细节，而这些细节足以先让自己或感动，或悲愤，或痛心。在该篇公诉意见中，公诉人有这样一段描述："如果主卧室的房门没有被夹紧，孩子们或许还能吃到客厅里的那袋香蕉，或许还能像往常一样打开房门向外求助。然而此刻一切的假设都已无法实现，最终李某雪只能静静地睡在棉胎上，放弃了挣扎；李某只能抱着没有一滴水的水壶，放弃了求生的努力。直至两双大眼睛完全失去光泽，终是没再见到母亲熟悉的身影。"这段描述中的"香蕉""水壶"，这些物品都是通过案件审查得到的信息，而缺少食物与水是孩子最终死亡的主要原因，在这个过程中，公诉词通过对经庭前审查得到的涉案信息的描述，通过假设的造句方式，一下子将旁听者的思绪带到了当时的情境，为与旁听者形成共鸣营造了很好的氛围。

情与理的有机结合，表明情、理不可偏废。叙情的案件，更需要扎实的法理基础，否则就会像万丈高楼平地起，地基不稳，纵有各类华丽装饰，仍然不能称之为稳固。具体说，释法是指通过证据体系的完整分析达到法律释明的目的。该篇公诉意见从犯罪构成要件出发，直入主题，结合不作为犯罪的特征，从履行义务、履行能力、因果关系、间接故意等几个方面直接论证被告人的行为构成故意杀人罪。但结合庭前媒体热议的案件定性认识，包括"过失致人死亡罪""遗弃罪"等相关罪名，以及辩护人在庭前会议提出的"事实不清、证据不足"等辩护观点，在说理部分应当进一步深入分析，证据的充分性也应进一步强化，才能达到使旁听者完全释明的效果。

案例：陈某某投毒案

（一）基本案情

被告人陈某某在南京市江宁区汤山镇经营"菊红"面食店期间，为琐事与汤山镇"正武"面食店业主陈某武发生矛盾。陈某某见陈某武面食店生意兴隆，遂怀恨在心，意图报复。2002年9月13日晚11时许，被告人陈某某来到"正武"面食店，将所携带的剧毒鼠药"毒鼠强"投放到该店食品原料内，造成300多人因食用有毒食品而中毒，最终造成42人死亡。

（二）案件争议的焦点问题

如何体现公诉意见的个性化特征？

（三）公诉意见书

公诉意见书

被告人：陈某某

案由：投毒罪

起诉书号：（略）

审判长、审判员（人民陪审员）：

根据《中华人民共和国刑事诉讼法》第一百八十四条、第一百九十三条、第一百九十八条和第二百零三条的规定，我受南京市人民检察院的指派，以国家公诉人的身份，出席法庭支持公诉，并依法对刑事诉讼实行法律监督。现就本案发表如下公诉意见，请合议庭注意：

一、被告人陈某某的行为构成投放危险物质罪

在刚才的法庭调查中，公诉人依法讯问了被告人陈某某、询问了鉴定人刘某宁，宣读了未到庭的陈某武、彭某等多人的证人证言、出示了书证物证鉴定书等证据，经法庭质证，均系合法有效证据，具有证明效力。

首先，证人陈某武、张某林等人的证言与被告人供述相互印证，证实陈某某因"正武面食店"生意兴隆及一些生活琐事对陈某武心存不满，从而产生在陈某武所经营的面点里投放药的犯罪动机。

其次，证人陈某武、李某俊等人证言、现场勘验笔录、搜查笔录、物证鉴定书等证据与陈某某供述相互印证，证实"正武面食店"的油酥、面粉、白糖等一些物品2002年9月13日夜置于开放且无人看管的店面里，陈某某当晚有作案的条件，且实施了投放鼠药的犯罪行为。

最后，证人朱某、秦某茹等人的证言、物证鉴定书等证据证实从陈某武面食店卖出的烧饼等早点导致食用人42死亡，300余人中毒的事实。

此外，证人彭某、唐某等人的证言与取款记录、电话记录相互印证，证实被告人陈某某在案发后取出所有存款外逃的行为。

所有出示的证据均由侦查机关依据合法程序取得，内容真实，能够相互印证，形成完整的证据体系，客观、全面地证实了本院起诉书对被告人陈某某犯有投放危险物质罪的指控事实清楚、证据确实充分。

二、本案特点

1. 被告人陈某某的手段极其残忍。作为一个成年人，被告人陈某某明知鼠药具有极大的毒性和"正武面食店"生意兴隆的情况下，出于自己狭隘的妒嫉，为一点点私利，不惜牺牲无辜群众的生命、健康，采用投毒的方法报复他人，故意把鼠药投放在面食店的食品原料中，导致危害结果的发生。

魏某，来到世界才22个月的幼小生命，正在父母的关爱中绽放着灿烂的笑容，她的到来给这个家庭增添了无尽的欢乐，9月14日，那清澈的眸子还没有来得及看到美好的生活就过早地失去了光彩。她那年轻的父亲不得不一边面对也因中毒而接受治疗的妻子，一边面对心爱女儿的尸体，他的伤痛有谁能替他分担？

李某丰夫妇，两个朴实的农民，过着儿孙绕膝的幸福生活，四个孙子活泼可爱，唯一的孙子李某是个懂事的孩子，9月14日在买了两个烧饼作早点时，还不忘记分给三个堂姐妹一个，谁知这四个互相关爱的孩子在分食后，相继中毒，人世间的痛苦莫大于白发人送黑发人，这对年近古稀的老夫妻，在医院眼睁睁地看着李某、李某群、李甲这三个前一天还甜甜地叫着爷爷奶奶的孩子相继离去，剩下的唯一一个孙子还在死亡线上挣扎，这是何等地灾难，何等地惨痛！

而这一切的一切，都是因为被告人陈某某的恶劣犯罪行为造成的。

2. 本案的社会危害性极其严重，到今天开庭为止，被告人陈某某的投毒行为，造成中毒死亡的群众已达42人，中毒人数高达300余人，这些人中有学生、有老人、有儿童，在死亡的42人中不满十八岁的竟有26人，这20多个鲜花一样的生命永远不会复活了，给那么多家长的心灵蒙上的阴影将永远留在他们的后半生。被告人陈某某的行为所毁掉的不仅是死难群众的家庭，而且对当地群众造成的心理创伤更是在短时期内无法愈合的。案发后，当地群众曾一度生活在恐惧之中，学校停课，饭店关门，他们还将长期为自己的饮食在担心受怕。当然，本案还有一个受害者就是陈某某自己的家庭。这个农民家庭的长子，父母将来还依靠他养老送终，照顾弟妹，那对老实的夫妇从来没有想过儿子会做出如此令人愤恨的事，在以如此方式失去儿子的同时，他们还将背负愧对无辜受害者的心灵之债。

3. 本案的社会影响极其恶劣。案件发生后，在国内外引起了强烈反响，各种媒体蜂涌而至，境外一些对我们有敌意、不负责任的媒体的有意夸大事实，恶意炒作，混淆视听，严重影响了南京、江苏乃至中国在国际社会上的形象。

4. 社会各界对本案极其关注。9月14日晨，300多人相继中毒后，党中央、国务院领导高度重视，立即作出批示，要求采取紧急措施，江苏省委、省政府、南京军区、南京市委、市政府调动一切力量，全力组织人员抢救中毒人员，部队、省、市领导还赶赴医院进行探望，要求只要有百分之一的生还可能，就要尽百分之百的努力，千方百计救治每一个中毒人员，还专门成立了事件处置工作领导小组，负责中毒人员救治，案件侦破和有关善后工作。连日来，南京各大军地医院调集最好的医护人员，投入最好的设备和药品抢救中毒人员，正是在各级领导的高度重视和社会各界的齐心协力下，才把人员伤亡减少到目前的最低限度。

三、本案所引发的社会思考

在指控陈某某的犯罪行为时，我们也不能忽视由本案所带出的社会问题，从中我们又应该汲取什么教训呢？

在全市人民都在迎接国庆节和十六大召开的前夕，如此重大恶性案件的发生，无疑给安定的社会政治局面和社会秩序增加了许多不稳定的因素，虽然这是一件普通的刑事案件，但却给我们敲响了一记警钟。

首先，对急性剧毒鼠药的管理问题。据《健康报》报道，近年来，我国每年有约10万人发生急性中毒，其中急性鼠药中毒有5万至7万人。鼠药中毒死亡人数为同期多种传染病死亡人数总和的3.84倍，死亡率是多种传染病的66.7倍。1998年，仅广西一地就发生急性鼠药中毒238起，中毒456人，死亡54人。如今，在全国不少地方的农村集贸市场，随时都可以买到含有毒鼠强、氟乙酰胺、氟乙酸钠等化学成分的国家严禁的毒鼠药。剧毒鼠药在成为社会公害的同时到了犯罪分子手中就变成作案工具，就变成危害公众生命安全的巨大隐患，本案中，陈某某交代其所使用的鼠药就是从本市邻近村镇的集市上购买,仅投放一次就造成300余人中毒、42人死亡的严重后果,如此方便就可以搞到剧毒鼠药,并造成如此严重的社会后果,不能不使人胆颤心寒。

其次,对食品摊点的管理问题。本案中,"正武面食店"的店面是开放式的,其生产食品的部分原料就摆放于无人看管的店面之内,这样的食品生产经营环境存在着极大的安全隐患,一方面被告人陈某某在这样的条件下极其容易地实现了其犯罪行为,造成了特别严重的后果;另一方面,如此简陋的条件,其卫生安全也令人堪忧。

最后,正确处理个人与社会的关系问题。人生多变幻,遇到各种失败是正常的,但无论怎样,不能像陈某某这样将个人的恩怨转嫁到社会,以损害第三者利益为代价实现报复目的,让国家、社会和无辜的人民利益受到损害。

本案经审理后终结,但所引发的问题还有待有关部门重视并予以解决,从源头上减少危害公众生命、健康安全的因素。

四、被告人陈某某应负的刑事责任

我国刑法第一百一十五条第一款规定:投放毒害性物质致人重伤、死亡或者使公私财产遭受重大损失的,处10年以上有期徒刑、无期徒刑或者死刑。

被告人陈某某明知投放至"正武面食店"食品中的鼠药会危及不特定多数人的健康,而希望这一结果的发生,实施投毒行为,在发现有人食用中毒后,非但没有及时提醒、防止危害结果的进一步发生,反而取款后逃匿,造成42人死亡、300余人中毒的特别严重的后果,使国家和人民的利益遭受特别重大损失,其行为符合我国刑法第一百一十五条第一款之规定,构成投放危险物质罪。为保护公民的人身权利不受侵犯,为维护正常的公共秩序,公诉人建议法庭依法对被告人陈某某判处死刑,剥夺政治权利终身。

以上公诉意见请合议庭予以采纳。

公诉人:李××
2002年9月30日

(四)分析点评

根据高检院制定公诉意见的基本要求,公诉意见有规范的格式特点,但每一起案件的事实不同、证据不一,法律适用各有特点,即使都认定为故意伤害,但案件起因、被告人犯罪动机不同,每起案件都会存在不同于其他案件之处，这也从另一方面表明公诉意见的个性化特征。一份制作精良的公诉意见书除了说理充分、逻辑严密、内容丰富、情理并蓄外，一定是具有自身魅力的个性特征，让人听了之后触及心灵又深受启发。

当下，许多公诉意见存在的不足就是缺乏个性与特色，千篇一律，相同类型的犯罪，就会制作基本一致的公诉意见。对于同类型的犯罪，基本是将被告人姓名替换之后，就快速完成了公诉意见的制作，而没有根据案件特点制作独具个性的公诉意见。如何体现个性特点，需要公诉人根据庭前审查的事实、证据情况，针对被告人的认罪情况，结合辩护人的辩护意见、案件造成的实际后果以及社会危害性进行全面的总结与分析，最终得出公诉意见的制作重点方向。所以个性特点的体现有的是在证据分析上，有的是在法理论证上，有的是在法庭教育上，比如，被告人、辩护人在法庭调查的质证阶段已经对部分证据提出异议，公诉人就应当在发表公诉意见时就相关证据具体展开分析。又如，被告人、辩护人对案件事实与证据均不持异议，但对法律适用已经向法庭表达了不同的观点，公诉人在发表公诉意见时就应当就法律适用的依据与理论详细展开。同时，在制作公诉意见时，还必须考虑不同群体的受众以及针对不同对象所要达到的效果，通过文字组织将不同的思想、观点高度精练到文书中去，字里行间体现出公诉人已经足够注意了不同主体的需求和关注。

当年，本案的发生在当地乃至全国都产生了极大影响，庭前被告人供认不讳，证据确实、充分，所以庭审的重点一方面是在法庭调查阶段通过讯问与示证固定证据，确保被告人态度始终如一，认罪伏法，另一方面就是通过公诉意见进行法庭教育，实现刑事诉讼的社会效果与刑罚的一般预防功能。

该篇公诉意见在整体布局上，充分考虑案件事实、证据以及被告人认罪情况，对于定性部分的论述简明扼要、条理清楚，将重点放在法制教育部分，符合该案的案件特点。此外，该篇公诉意见的个性化特点还体现在针对本案的案件特点分析社会危害性与引发的思考，既深挖了只有本案才具有的个性特点，又结合社会一般观念对犯罪行为进行剖析，并通过个案表达正义的价值观。这是使得一篇公诉意见具有个性化特点的另一个重要方面。整篇公诉意见情理结合，通过证据的使用达到法律的释明，通过对事实与情节的评价体现悲伤与正义之情，特别是通过案件事实的描述表达细腻的情感，更能引发共鸣。因为公诉意见既有法律属性又有社会属性，前者体现在公诉意见是标准的法律文书之一，后者则体现在公诉意见也是演说词,是公诉人与旁听受众之间心灵沟通的桥梁,极尽感染力的语言能够帮助指控获得更多人情感上的支持与共鸣。如"魏某,来到世界才22个月的幼小生命,正在父母的关爱中绽放着灿烂的笑容,她的来到给这个家庭增添了无尽的欢乐,9月14日,那清澈的眸子还没有来得及看到美好的生活就过早的失去了光彩"。又如"人世间的痛苦莫大于白发人送黑发人,这对年近古稀的老夫妻,在医院眼睁睁的看着李某、李某群、李甲这三个前一天还甜甜地叫着爷爷奶奶的孩子相继离去,剩下的唯一一个孙子还在死亡线上挣扎,这是何等的灾难,何等的惨痛!"这些富有感染力的词汇让公诉意见成为理性与感性的综合体,使得指控更有魅力。

案例:张某某以危险方法危害公共安全案

(一) 基本案情

2009年6月30日中午,被告人张某某在本市江宁区高尔夫国际花园项目部食堂与汤某兵等人吃饭并饮用一瓶"老村长"白酒(500毫升装、42度),席间被告人张某某饮用150毫升左右白酒。

当日18时许,被告人张某某继续邀集汤某兵、于某勇、陈某燕、陆某林、何某平等9人,在该区东山街道金盛路"徐州土菜馆"吃饭,席间共饮用3瓶"今世缘"白酒(500毫升装、40度)、半桶杨梅酒(2.3升装、50度)。其中,被告人张某某饮用两杯多白酒(每杯168毫升)、两杯杨梅酒(每杯168毫升)及1瓶啤酒。

当晚20时许,被告人张某某在深度醉酒的状态下独自驾驶牌号为"苏A-TH900"的黑色别克君越轿车从"徐州土菜馆"沿金盛路由南向北行驶。驶出约137.5米,犯罪嫌疑人张某某将行人张某(男,28岁)撞倒,其在意识到发生撞击后并未停车,反而向左打方向继续加速向前行驶,穿越路中间双黄线驶入逆行车道,在驶出约200米后,先后撞上路西侧西瓜摊前的1辆保洁车和2名卖西瓜的摊主李某影(女,31岁)和王某福(男,45岁)。经法医鉴定,张某、王某福的损伤程度为轻微伤,李某影的损伤程度为轻伤。

撞击后,张某某仍未采取制动措施或停车,而是向右打方向继续加速行驶逃离现场,在双黄线西侧附近,又撞上骑自行车的沈某(女,殁年48岁),致其被抛出20多米后坠地死亡,其所骑自行车被抛出落至相向行驶的"苏A-90972"桑塔纳轿车引擎盖。经法医鉴定,沈某符合车辆作用致胸腹部闭合性损伤而死亡。

此次撞击后,张某某驾车继续向右行驶,穿越双黄线驶回正常行驶车道与路东侧的一辆牌号为"浙J–LY376"的"本田奥德赛"牌汽车相擦后,在路东侧先后撞上郑某(女,孕妇,殁年29岁)、康某东(男,殁年28岁)夫妻和骑电动自行车的汪某水(男,殁年57岁),致郑某被撞击后抛出至牌号为"苏A–PV926"的"现代索纳塔牌"轿车上坠地当场死亡,并致其胎儿脱出;致康某东被撞击后抛出至牌号为"苏A–07C18"的"瑞风"商务车后备箱内,经抢救无效死亡;汪某水在被送往医院途中死亡。经法医鉴定,郑某符合车辆作用致创伤性休克而死亡;康某东符合车辆作用致颅脑损伤而死亡;汪某水符合车辆作用致颅脑损伤合并创伤性休克而死亡。

其后,张某某驾车继续向前行驶,在华联超市附近,又撞上董某忠(男,殁年25岁)、洪某时(女,27岁)夫妻,董某忠经抢救无效死亡。经法医鉴定,董某忠符合车辆作用致颅脑损伤合并胸部闭合性损伤而死亡;洪某时的损伤程度为轻伤。

之后,张某某驾车继续向前行驶,撞上停在路东侧的牌号为"苏A–FG309"的"爱丽舍"牌轿车尾部,致该车与前方一辆车牌号为"苏A–FW065"的轿车追尾。撞击爱丽舍轿车后,张某某车上安全气囊弹开,继续向前行驶437米后,停在明月港湾幼儿园门前,张某某被巡逻民警当场抓获。

在上述连续撞击过程中,共造成5人死亡、4人受伤(其中2人轻伤、2人轻微伤)、6辆机动车不同程度受损,损失价值共计人民币54359元。

(二)案件争议的焦点问题

被告人的行为能否认定为以危险方法危害公共安全罪?

(三)公诉意见书

公诉意见书

被告人:张某某

案由:以危险方法危害公共安全

起诉书号:宁检诉刑诉〔2009〕91号

审判长、审判员:

根据《中华人民共和国刑事诉讼法》第一百五十三条、第一百六十条、第一百六十五条和第一百六十九条的规定,我们受南京市人民检察院的指派代表本院,以国家公诉人的身份,出席法庭支持公诉,并依法对刑事诉讼实行法律监督。现对本案证据和案件情况发表如下意见,请法庭注意。

一、本案事实清楚、证据确实充分,足以证明本院起诉书对被告人张某某犯有以危险方法危害公共安全罪的指控

在刚才进行的法庭调查中,公诉人讯问了被告人,出示了被告人的供述和辩解、证人证言、被害人陈述,并出示了相关的书证、现场勘验笔录、刑事摄影照片及鉴定结论等证据。公诉人所出示的这些证据均由侦查机关以及检察机关依法收集取得,并经过当庭质证,均具有证明效力,并且所有证据能够相互印证,能够形成完整的证据体系,客观、全面地证明了本院起诉书指控的事实。

最高人民法院于2009年9月11日发布了《关于醉酒驾车犯罪法律适用问题的意见》(以下简称《意见》)。该《意见》规定:行为人明知酒后驾车违法、醉酒驾车会危害公共安全,却无视法律醉酒驾车,特别是在肇事后继续驾车冲撞,造成重大伤亡,说明行为人主观上对持续发生的危害结果持放任态度,具有危害公共安全的故意,对此类醉酒驾车造成重大伤亡的,应依法以危险方法危害公共安全罪定罪。本案中,被告人张某某于2006年取得驾驶证,其应当明知酒后驾车系违法行为,醉酒后在车辆、人员密集的金盛路上驾车会危害不特定多数人的生命和财产安全,却在深度醉酒状态下驾驶机动车辆,在撞击行人张某和西瓜摊之后,不采取停车、抢救伤员等积极措施,而是继续驾车冲撞,导致五人死亡、四人受伤、六辆机动车受损的严重危害后果,其行为符合该《意见》规定的特征,应当以以危险方法危害公共安全罪追究被告人张某某的刑事责任。

二、本案的社会危害性以及引发的思考

以危险方法危害公共安全罪侵犯的客体是不特定多数人的生命、财产安全。正因为本罪所规定的行为极易造成群死群伤的严重后果,因此刑法为之设定了严厉的法定刑,以期震慑犯罪、保障社会公共安全。本案,由于其造成人员伤亡的数量之多、情节之惨烈,在全国范围内引起社会公众的广泛关注。

据统计,2009年1—8月,全国酒后驾车肇事2162起,造成893人死亡;醉酒驾车肇事1044起,造成409人死亡。醉酒驾车犯罪呈多发、高发态势,严重危害了广大人民群众的生命安全。而2009年6月30日晚上的金盛路上再次上演了一幕惨剧，张某某所驾驶的苏 A－TH900 别克轿车，就像一个吞噬生命的恶魔，在车辆高速驶过的路段，伴随着刺耳的发动机轰鸣声、伴随着"砰砰"的撞击声、伴随着一声声的惨叫声，五条鲜活的人命加上一个已经成型的胎儿，在一刹那间被张某某的滚滚车轮夺走，在张某某的车辆驶过之后，案发现场一片狼藉，惨象目不忍睹。

这些死者是无辜的，他们在死亡之前可能还来不及作出任何反应，他们可能还沉浸在对未来生活的憧憬当中，他们甚至不知道夺走他们生命的凶手是谁。在高速撞击之下，这些可怜的生命显得如此脆弱，他们可能还面带笑容的时候就被终止了生命。其中的康某东、郑某夫妇，他们即将为人父、为人母，就在他们满怀期待地等候小生命降临人间的时候，可恶的车轮将他们美好的梦撞击粉碎，连同他们的生命、连同腹中的胎儿、连同长辈们对孙子、外孙的期盼。如今，这个家庭只剩下四位老人，陷入膝下无儿无女的悲惨境地。而这幕惨剧的制造者就是今天在法庭上接受审判的被告人张某某。

本案所造成的惨烈后果，使见者、闻者无不为之动容。我们今天在这里所评价的五死四伤的结果仅仅是本案呈现给我们的直观、物质性的后果，而本案所留下的伤痛还会长久地存留在死者的家属心中，失去亲人的痛苦将使得这些无辜的人们陷入长久的精神煎熬中。从 2009 年 6 月 30 日案发，到今天的法庭审判，历时近 5 个月的时间，无论是被告人、被害人、被害人亲属以及社会公众，他们都怀着不同的心情等待着该案的最终裁决。很快，法院就会对本案依法作出公正的处理，而随着时间的流逝，这个案件也会逐渐淡出许多人的记忆。在这里，公诉人只是想对社会发出这样的呼吁：生命是宝贵的，我们每个人都有责任善待生命。当你们手握方向盘的时候，请你们的内心多一份责任、多一份良知、多一份对生命的尊重。当你们在酒桌上觥筹交错的时候，请你们相互告诫一声，饮酒莫开车，开车莫饮酒，让我们的公众多一份安全感，让我们的社会多一份和谐。

三、被告人张某某应当承担的刑事责任

《中华人民共和国刑法》第一百一十五条第一款的规定，犯以危险方法危害公共安全罪的，处十年以上有期徒刑、无期徒刑或死刑。请法院在法定刑幅度内综合本案的事实和犯罪情节对被告人张某某作出公正判决。

公诉人：罗×

2009 年 11 月 27 日当庭发表

(四) 分析点评

本案被告人张某某的行为能否以以危险方法危害公共安全罪来认定，是案发之后社会公众一直热议的话题；同时该案犯罪后果特别严重，社会公众关注度高，公诉意见中必须表达正义立场。那么如何在公诉意见中平衡好定性分析与法制教育的内容，达到最佳的庭审效果，这就需要体现公诉智慧，把握好整场庭审的节奏。

公诉人指控被告人张某某的行为构成以危险方法危害公共安全罪，主要理由是张某某驾车撞击西瓜摊之后，认定其主观犯意由过于自信的过失向以危险方法危害公共安全的间接故意转变。一是被告人张某某驾车撞击西瓜摊后，在已经意识到发生两次撞击的情况下，轻信能够避免危害结果发生的基础已经丧失，不应再用过失的心态评价其后续连续冲撞行为。在意识到发生撞击后，犯罪嫌疑人张某某采取加速行驶的危险方法逃离现场并导致更多人员伤亡，其后续的行为反映了其主观上对公共安全的漠视，对后续发生的危害后果持放任的故意。二是犯罪嫌疑人张某某在案发时有自主意识和一定的控制能力，其主观犯意的转变应当受其意志支配。三是被告人张某某在两次撞击后采取了危险的驾驶方法。在当庭发表公诉意见时，公诉人则主要引用了最高人民法院于2009年9月11日发布的《关于醉酒驾车犯罪法律适用问题的意见》，对照《意见》规定，对案件事实与证据进行了进一步的分析。单从公诉意见看，似乎定性分析过于简单，但从整个庭审的过程看，公诉人则是精心布局，对指控内容作了合理的分配。对于案件定性部分，将重心放在第一部分法庭调查阶段的示证、质证环节与法庭辩论的第二轮发言，而对于论述社会危害性的法庭教育部分，则将重心放在法庭辩论的第一轮发言。如此规划的原因，正是考虑到本案的两个焦点问题，在庭审的不同环节体现不同的重点，使得整个庭审的节奏牢牢掌控在公诉人的手中。例如在示证环节，公诉人除了将全案证据根据案件事实发生的过程做了分证出示外，还专门播放了模拟事故发生的动漫视频，并采用多媒体示证的方式，图文并茂，论证构成要件的过程非常细致，使得法庭调查结束时该案的完整过程已经清晰地展现在旁听观众的眼前，对案件的定性分析做了很好的铺垫。另外，考虑到本案的被害人众多、社会反响极高，公诉意见作为法庭辩论的"首场秀"，必须作出明确、有力的回应，在定性分析与法庭教育之间的主次选择上，法庭辩论的第二轮完全可以进一步进行定性分析的深入理论阐述，所以必须在第一轮发言完成法庭教育的任务。故此，公诉意见将大量篇幅留给了法庭教育。

作为旁听观众之一，笔者在现场与其他众多的旁听者一起，被该篇公诉意见的法庭教育部分深深打动，既引发了对被害人悲惨遭遇的同情，同时也引发对被告人的恶劣行径的痛恨，而这些情感共鸣的产生，源自公诉意见善于挖掘案件的情感点。情感点可以对被告人犯罪后果进行深入分析，抓住某个情感要素与旁听观众交流；也可以由被告人犯罪原因入手，综合家庭关系、家庭情况进行入情入理的分析。该篇公诉意见在描述犯罪行为的社会危害性及严重后果时，就采用了这样的写法，"这些死者是无辜的，他们在死亡之前可能还来不及作出任何反应，他们可能还沉浸在对未来生活的憧憬当中，他们甚至不知道夺走他们生命的凶手是谁。在高速撞击之下，这些可怜的生命显得如此脆弱，他们可能还面带笑容的时候就被终止了生命。"而"无辜""憧憬""脆弱"，这些饱含丰富情感的字眼一个字一个字地从公诉人口中说出时，就极易与旁听者形成情感上的交流互动，引发大家的情感共鸣，达到强化公诉意见感染力的目的。

　　可见，当庭审出现多个焦点问题时，制作公诉意见时，就不能仅仅局限于法庭辩论本身，而需要将这些问题放在整个庭审过程中进行考量，结合法庭调查环节，找到符合最佳庭审效果的最优预案。